사랑받는 느낌

FEELING LOVED

의미있는 관계를 키우고 지속적인 행복을 만드는 과학

The Science of Nurturing Meaningful Connections and Building Lasting Happiness

F E E L I N G L O V E D

사랑받는 느낌

의미있는 관계를 키우고
지속적인 행복을 만드는 과학

The Science of Nurturing Meaningful Connections and Building Lasting Happiness

Jeanne Segal, PHD 저
이은아 · 조영미 옮김

圖書出版 하나醫學社

알림: 이 책에 실린 사례들은 Segal 박사가 상담했던 사례의 내용을 재구성한 것이다. 사례에 나오는 이름과 상황들은 사생활 보호를 위해 각색하였다. 이 책의 모든 아이디어, 사례, 제안, 기타 자료들은 정보제공의 목적만을 가지고 있으므로, 전문 의료 및 정신건강 서비스의 조언, 진단, 치료의 대안으로 사용되어서는 안 된다.

Feeling Loved

The Science of Nurturing Meaningful Connections and
Building Lasting Happiness

추천의 글

누구든 사랑받는 느낌(Feeling Loved)의 혜택을 볼 수 있습니다. Segal 박사는 그 이유와 방법을 설명해 줍니다. 그녀는 인간의 감정과 애착에 관련된 심리학·생물학 분야에서 수십 년 연구의 정수를 소개하고 있습니다. 하지만 그 내용이 우리를 압도하지는 않습니다. Feeling Loved는 읽고 싶게 만든 책입니다. 이 책에서 Segal 박사는 우리를 약한 존재로 보지 않고 우리를 지지하고 있습니다. 그녀는 우리가 스스로에게, 그리고 서로에게 어떻게 더 마음을 열 수 있을지 정확하게 알려줍니다. 그녀의 처방을 따른다면, 남의 시선은 덜 의식하면서, 자기통찰은 높아질 것입니다. 또한 당신은 활발하고 만족스런 인생을 살아갈 기회를 어떻게 개발해 나갈지 배우게 될 것입니다.

– 하버드 의대 Michael Craig Miller, MD.

스트레스 받고 있나요? 마음이 공허한가요? 당신을 위한 책이 여기 있습니다! 이 책은 놀라운 보물입니다! Segal 박사는 삶을 만족스럽게 만드는 심장부로 우리를 초대합니다. 그리고 스트레스 쌓이고 의미없는 삶에서 빠져나와 진짜 사랑을 느끼는 능력에 다다르게 하는 구체적인 도구를 제공합니다. 이 방법을 설명하는 그녀 자신과 다른 사람들의 이야기에서 우리는 또한 감동을 느끼게 됩니다. 그녀의 인도에 따라 우리는 실제로 한 단계 한 단계 나아갈 수 있으며, 그녀가 아낌없이 제공하는 정보를 접하며 새로이 발견된 사랑받는 느낌의 감각을 유지할 수 있을 것입니다.

– 산타바바라 대학원 전 학장 Marti Glenn, PhD.

바뀌고 싶다는 희망만으로 바뀔 수 있는 것은 아닙니다. 하지만 Segal 박사는 실제로 바뀔 수 있는 도구를 우리에게 선물로 주었습니다. Feeling Loved는 최신 뇌 과학의 연구를 접목하여 스트레스가 삶에 미치는 영향과 스트레스를 사랑으로 대체하는 방법을 보여주고 있습니다. Segal 박사는 따뜻하고 열정적인 태도로 이 책을 썼으며, 사랑받는 느낌을 위해 실제 변화를 성취하고 목표를 달성하는 방법과 기술을 제공하고 있습니다. 나는 이 책을 침대 머리맡에 놓고 계속 읽을 생각입니다.

– 다큐멘터리, 영화, TV 프로듀서 Margot Winchester

역자 서문

처음 *Feeling Loved*를 소개받았을 때, 개인적으로는 꽤 긴 번역 작업을 막 끝낸 직후였다. 단 한 줄의 번역도 버겁게 느껴졌다. 공역할 동료를 찾을 때, 그다지 큰 간절함도 없었던 것 같다. 일상의 바쁨과 누적된 피로감이란 이유로, 이 작업에 대한 진심이나 사랑이 없었다. 그러다가 마치 크리스마스 선물처럼, 조영미 박사가 너무나 기뻐하면서 매일, 매순간 이 책의 가치를 발견하고 들뜬 아이와 같은 탄성어린 말들을 쏟아냈다. 정직하게, 나는 거기에 취해서 번역에 동참하게 되었다. 그리고 매우 고맙게도, 번역을 하면서 나는 이 책의 고귀한 가치를 깨닫게 되었다.

나의 일상의 한 걸음, 한 걸음에도 사랑받는 느낌이 필요했음을 절실히 깨달았다. 번역하는 동안, 우리는 서로의 삶과 상담현장에 '사랑받는 느낌'의 원리를 적용하고는 파자마 파티에서 만난 아이들처럼 몇 시간씩 그 신기한 발견에 대해 수다를 했다. 아마도 우리의 모습은 반짝반짝 빛나는 인간의 그것과 닮아 있었던 것 같다. 학문적으로는, 내가 관심있어 하는 트라우마와 '사랑받는 느낌'의 연결성을 깨닫고, 트라우마 치유의 큰 틀로 '사랑받는 느낌'을 활용하고 싶은 욕심까지 얻었다.

이 책을 번역하면서, 유난히 맞벌이 부부의 아이들을 많이 떠올렸던 것 같다. 물론 책 속에서 나온 사례도 있었지만, 의도되지 않은 방임으로 인한 아이들이 계속 맴돌았던 것 같다. 더 많은 사랑을 주고자 선택했던 맞벌이지만, 우리의 아이들은 사랑받는 느낌 대신 더 나은 경제적 · 교육적 기회만을 갖는 경우가 많아지는 것 같다. 과연 그것이 우리의 아이들에게 최선인 것일까..? 이 근본적이고도 복잡한 물음에 나는 여전히 정답을 찾지 못했고, *Feeling Loved*가 유일한 답이라고 생각하지도 않는다. 하지만, 지금과는 다른 길을 찾고 있는 사람들에게 귀중한 선택안이 될 것이라고 믿는다.

마지막으로, *Feeling Loved*의 한국어판을 보지 못하고, 2017년 영면하신 이 책의 저자, Jeanne Segal, PhD.에게 고마움을 전하고 싶다. 그녀의 진심과 사랑을 한국어로 제대로 전달한 것인지, 여전한 반성과 부끄러움이 있지만, 많은 사람들이 이 책을 통해 그녀의 온전한 사랑을 느낄 수 있는 계기가 되길 바란다.

– 공동역자 이은아

역자 서문

*Feeling Loved*를 만난 후 나는 행복해졌다.

오래 전, 로저스, 사티어의 상담에 매료된 나는 심리상담사가 되기로 결심했고, 꿈이 이루어졌는지 매주 스무 명 이상의 내담자들을 만나는 진짜 상담 많이 하는 상담자가 되었다. 내담자들의 문제는 항상 복잡했고 고통스러웠으며, 상담 시간은 마치 막막함이라는 동굴 속을 더듬더듬 걸으며 한 줄기 빛을 찾아가는 느낌이었다. 그 한 줄기 빛이 무엇일까 수없이 고민하던 나는 가슴 깊숙이 '사랑'이라는 감정을 떠올렸다. 대단한 기쁨과 환희를 선사하는 감정은 아니었고 그저 안심과 희망을 찾고 싶은 감정이었지만, 나는 그 감정을 '사랑받는 느낌'이라고 이름붙이고 싶었다. 내담자들도 "사랑받는 느낌을 원하는 군요."라는 나의 말에 눈물을 흘리며 진심어린 동의를 보여 주었다.

십년지기 친구인 이은아 교수로부터 *Feeling Loved*를 소개받았을 때, 나는 단박에 함께 하겠노라고 말했다. 책을 한 줄 한 줄 읽어내려 가는 동안, 저자 Jeanne Segal 박사와 이야기를 나누며 사랑을 전달받는 듯 했고 진정으로 그녀의 위로를 받는 듯 했다. 우울증으로 자살한 딸을 그리며 비슷한 아픔을 겪을 누군가를 위해 그녀가 운영해 온 비영리 정신건강 사이트 Helpguide.org를 매일매일 방문하기도 했다. 사이트에서 그녀가 아낌없이 나누어 준 소중한 콘텐츠들은 그녀의 순수한 사랑을 느끼기에 충분했다.

한창 번역에 박차를 가하던 2017년 여름, 이은아 교수와 나는 이 책의 내용을 조심스럽게 사람들에게 전달해 보기로 했다. 때마침 열렸던 한국상담학회 연차학술대회를 활용해 조그만 규모의 워크숍을 마련하기로 한 것이다. 무료로 하는 강연이었고 그 해 여름휴가를 온전히 바쳐야 했지만, 우리는 그 어느 때보다 마음이 벅차고 설렜다. 결과는 기대 이상이었다. 두 시간의 짧은 강연과 나눔이 끝난 후, 참가자들은 그 자리에 오랫동안 머무른 채 서로 눈을 맞추고 미소를 주고받았으며 서로를 꼭 안아주었다. 그야말로 사랑받는 느낌의 향기로 가득 찬 시간이었으며, 참가자들의 얼굴에 어린 희망의 빛을 나는 잊을 수가 없다.

사랑받는 느낌을 원하는 사람이라면 이 책을 꼭 읽어보기를 권한다. 내게는 거의 첫 번째 역서나 다름없지만 정성을 다했다. 개인적으로는 남몰래 번역가의 꿈을 키워갔던 젊은 시절 추억의 한 페이지를 다시 펼쳐보는 행복한 시간이었다. 그래서 한 문장 한 문장, 마음에 들 때까지 다듬고 또 다듬었다. 번역을 하면서 사랑하는 가족과 지인들에게 사랑받는 느낌을 전하고 싶은 마음이 많이 들었다. 그리고 이 마음을 가지는 것만으로도 이토록 행복한 느낌이 들 수 있다는 것을 깨닫게 되었다. 이 책이 나오기까지 모든 지원을 아끼지 않으셨던 하나의학사 소정영 사장님께 깊은 감사의 말씀을 드리고 싶다. 그리고 편집과 디자인에 최선을 다해 주신 하나의학사 직원 분들께도 고개 숙여 감사드린다.

부디 이 책을 읽는 독자들도 저마다의 사랑받는 느낌 속에서 소중한 행복을 가꾸어 가기를 진심으로 바란다.

– 공동역자 조 영 미

목차

3부

스트레스를 사랑으로 대체하는 도구 133

4부

사랑받는 느낌을 연습하는 비결 195

도입:

사랑은 모든 사람이 필요로 하며, 가질 수 있는 경험이다.

당신은 주변에서 사랑을 주고받는 사람들을, 마치 밖에서 들여다보고 있는 것처럼 느끼며 바라본 적이 있는가? 잠긴 문 밖에서 천국을 들여다보고 있는 것처럼, 당신은 천국을 볼 수는 있지만 마치 닿을 수 없는 곳처럼 느끼고 있을 수 있다. 이와 유사하게, 당신과 사랑경험 사이에 장벽이 있는 것처럼 느낄 수도 있다. 그리고 당신은 사랑경험을 갈망하고 사랑경험 때문에 마음 아파한다. 비밀을 하나 알려주겠다. 당신은 사랑경험을 상상하고만 있지 않으며, 당신은 혼자가 아니다. 비록 사랑경험이 우리 손에 잘 닿지 않는 것처럼 느껴지더라도, 과학(연구)을 통해 사랑받고자 하는 욕구는 실제적이며 보편적이라는 사실이 밝혀졌다. 그리고 비록 뭔가 잘못되어 사랑받는 느낌을 느낄 수 없을지라도, 그것이 우리가 형편없는 사람이라는 것을 의미하지는 않는다. 뇌 과학과 초기아동발달에 대한 연구와 더불어 심리학에서의 정서적 영역에 대한 새로운 개척은, 우리가 필요로 하는 답을 찾을 수 있는 로드맵(road map)을 제공한다.

1990년대, 초기아동발달 및 심리학 연구와 함께 뇌 연구가 폭발적으로 이루어졌다. 연구자들은 유아가 사랑받는 느낌을 느낄 때 뇌 발달에 지대한 긍정적 효과가 있다는 사실을 발견했다. 이러한 연구들은 사랑받는 느낌이 우리의 생리기능에 이로운 영향을 미친다는 생각을 지지한다. 사랑받는 느낌은, 우리가 인생의 도전에 더 잘 직면할 수 있도록 하기 위해, 신경면역 시스템을 더 탄력있고 더 풍요롭게 만들어 준다. 우리가 느끼는 소외감, 슬픔, 분노, 불안의 많은 부분들이 우리가 사랑받지 못할 때 경험하는 공허함의 반영이라는 사실은 그렇게 놀랍게 다가오지 않는다. 사랑이라는 것이 그렇게 강력한 힘을 가지고 있기 때문에, 과학자들뿐만 아니라 예술가들, 시인들도 수천 년 동안 사랑을 달성하는 주제에 매혹돼 왔던 것은 어쩌면 당연한 일일 것이다.

우리가 뇌에 대해서 더 많이 알게 될수록 인간이 지극히 사회적이고 감정적인 존재라는 구체적인 증거를 더 많이 발견하게 된다. 우리는 우리를 향한 다른 사람들의 사랑을 느끼고 싶어함은 물론, 우리가 아끼는 사람들이 사랑받고 있음을 확신시켜 주고 싶은, 실제적 욕구를 가지고 있다. 그러나 많은 사람들이 사랑을 주고받는 데 실랑이를 벌이기 때문에 필요로 하는 만큼 사랑받고 있지 못한다고 생각한다. 사실상 사랑을 얻는 방법은 생각만큼 어려운 일이 아니다. 오늘날 우리는 뇌가 변할 수 있다는 것을 알고 있기 때문에, 생각하고 느끼고 행동하는 새로운 방식을 개발할 수 있다. 우리는 삶을 변화시키는 사회적, 정서적 변화들을 만들어 낼 수 있다.

불행하게도 우리가 그렇게 하지 못하도록 하는 장애물 또한 존재한다. 변화하고 싶은 욕구실현을 방해하고 계속해서 공허감을 느끼도록 하는, 스트레스를 주는 습관들을 우리 스스로 가지고 있는 것이다. 우리는 정신없이 흘러가는 삶의 방식을 가지고 있다. 그 삶의 방식은 우리의 관심을 흩트려 놓을 만한 과학기술적 요소들과, 우리가 진정으로 원하는 것을 얻지 못하게 하는 복합적 문제들에 대한 지나치게 단순한 해결책들로 꽉 차 있다. 내가 처음 심리치료사로 일하기 시작했을 때, 뇌는 거의 미스터리한 대상이었다. 그래서 이러한 장애물들을 다루는 일은 어려운 일이었다. 이제는 현대 과학기술 덕분에 뇌과학을 이용하여 우리의 습관들을 바꾸거나 개선시킬 수 있는 과학의 잠재력에 눈을 떴으며, 특히 사랑받는다고 느낄 때 그 안에 내재되어 있는 힘에도 눈을 떴다.

하지만 나의 첫 내담자들 중의 한 명은, 어떤 분명한 과학적 근거를 댈 수는 없었지만 이러한 힘을 나에게 보여줄 수 있었다. 모니카(Monica)라는 여인을 통해 나는 어떤 힘을 만날 수 있었는데, 그 힘은 우리 삶의 모든 측면에 미치는 사랑받는 느낌의 특별한 영향력이었다.

돌봄의 사랑을 찾았던 여인

모니카(Monica)는 자그마하고 생기 넘치는 30대 중반의 여인이었다. 그녀는 어린 시절부터 당뇨를 앓아왔다. 그녀는 내가 이끄는 당뇨병 자조집단의 회원이었다. 어느 날 그녀는 내게 개인적인 면담을 청했다.

그녀는 오랜 관계의 기로에 서 있었고 그녀의 선택들을 탐색해 보기를 원했다. 모니카의 부모는 자신의 딸이 조용하고 별탈없이 사는 데만 관심을 쏟았고, 항상 노심초사하는 부모의 보호 아래 자란 모니카는 다른 사람들과의 관계경험을 거의 갖지 못했다. 모니카의 다섯 살 연상 남자친구는 좋은 사람이었다. 하지만 특별히 그녀에게 관심을 보이지 않았고 그녀에 대해서 별로 묻지도 않았다. 결국 그녀는 그에 대한 자신의 감정과 전반적인 관계에 대해 의문을 품게 되었다. 나는 모니카에게 남자친구에게 솔직하게 말하고 새롭게 낭만적인 관계를 맺어보도록 격려했다.

몇 주가 지난 후 모니카의 의사로부터 충격적인 전화를 받고, 그녀에게 무슨 일이 있었는지 궁금해지기 시작했다. 의사는 모니카가 쓰러져 입원해 있다고 말했다. 그녀의 많은 장기들이 잘 움직이지 않았고 그녀는 살아날 가망이 없었다. 의사는 내게 앞으로 있을지 모를 최악의 상황을 위해 방문하여 모니카를 준비시켜 달라고 부탁했다.

당시 나는 말기 암 환자들을 상담하는 일을 하고 있었기 때문에 임종을 앞둔 환자를 방문하는 일은 익숙한 일이었다. 하지만 병원을 방문하였을 때 나는 전혀 경험하지 못했던 일에 맞닥뜨렸다. 모니카의 병실에 들어섰을 때 모니카는 IV(중환자 표식)가 부착된 침상위에 앉아 있었다. 임종을 앞두고 있다고 여겨졌던 사람치고는 매우 건강해 보였다. 그녀는 나를 보자 "쉿" 하고 입술에 손가락을 대며 문을 닫아달라고 부탁했다.

"무슨 일이 있었는지 상상하지 못하실 거예요." 그녀는 말했다. "멋진 사람을 찾았어요."

나는 그 자리에 앉아서 이어지는 모니카의 이야기를 들었다. 그리고 모니카의 이야기에 너무 놀라 눈을 크게 떴고, 입을 다물 수가 없었다. 모니카는 남자친구와 헤어졌고, 최근 필립(Phillip)이라는 남자를 만났는데 그녀가 쓰러진 후로 필립은 계속해서 그녀를 보러 오고 있었다. 필립은 모니카의 말에 귀를 기울였고 그녀와 함께 이야기했고 웃었으며, 그녀에게 질문했고 그녀의 대답에 집중하며 시간을 보냈다. 이 새로운 관계에서 가장 좋았던 부분은 필립이 병원이나 그녀의 질병에 두려워하거나 낙담하지 않았다는 것이었다. 그에게는 오랫동안 병을 앓고 있는 매우 사랑스러운 여동생이 있었기 때문에 그에게는 이러한 병에 대한 도전이 익숙했던 것이다. 필립과 이야기를 나누면 나눌수록 그녀는 더 힘이 나고 즐거워졌다. 또한 모니카는 이틀 전날 밤에 야간근무 간호사에게 돈을 쥐어 주고, 아직 중환자 관리를 받고 있음에도 불구하고, 엘리베이터를 타고 병원 주차장으로 내려가–불가능해 보일 수도 있지만–필립의 차 뒷좌석에서 처음으로 열정적인 사랑을 나눴다고 말했다.

차를 몰고 집으로 오면서 나는 모니카의 생명이 아직 다하지 않았음을 확신하였다. 그리고 그러한 내 생각은 옳았다. 그녀는 결국 퇴원하였고 몇 달 뒤에 필립과 결혼식을 올렸다. 나는 그녀를 다시 보지는 못했다. 그러나 몇 년 동안 그녀는 자신의 근황을 알리는 엽서를 보내왔고 그 덕에 그녀의 생활을 알 수 있었다. 모니카와 필립은 캘리포니아 베니스에 있는 운하 근처의 작은 집을 구매했으며 여행을 많이 다녔다. 그들은 개발도상국들에서 휴가를 보냈는데, 이러한 일들은 그녀가 아팠다는 사실을 아는 나로서는 놀라운 일이었다. 그렇다. 그녀는 다시 아프기도 했지만 매번 회복했으며 그 때마다 충만한 삶을 받아들이기로 결심하곤 했다. 모니카의 심각한 건강문제는 그녀의 행복에 별 영향을 미치지 않았으며, 필립과 주고받았던 돌봄과 격려의 사랑은 그녀를 행복하게 만들었다.

모니카의 사례는 사람의 삶이 사랑받는 느낌에 의해서 어떻게 달라질 수 있는지를 보여준다. 그러나 그녀의 삶이 그냥 바뀐 것은 아니다. 그녀는 죽음으로부터 회생하였다. 서로 소통하는 일이 많이 허락되지 않았던 상황에서도 필립은 모니카를 충분히 알아가기 위해 민감한 관심을 보여줬다. 그는 그녀가 무엇을 느끼는지 무엇을 생각하는지 이해하고 싶어했고, 그가 보여주는 관심과 격려는 그녀로 하여금 깊이 이해되고 존중되고 있다고 느껴지게 했다. 처음으로 모니카는 사랑받는 느낌이 무엇인지 알게 되었다.

모니카의 경험 덕분에 나는 사람들이 상담에 가져오는 여러 문제들을 더 유심히 살펴보게 되었다. 수년간 나는 다양한 문제들을 호소하는 다양한 민족·사회경제적 배경의 개인, 연인, 가족들을 만났다. 그들은 우울했고 불안했고 생산적이지 못했으며, 불행했고 아팠고 상심했다. 그들의 문제는 가지각색이었다. 그러나 두 가지 공통점이 있었다. 그들은 몹시 스트레스에 압도되어 있었고 그들 중 아무도 사랑받고 있다고 느끼지 못하고 있었다.

부부나 가족 중 한 사람은 사랑하는 배우자나 가족들의 사랑을 가끔씩 느끼지 못했다–정작 배우자나 가족들은 그를 사랑했다고 주장했지만. 가끔씩 나는 왜 그들이 사랑을 못 느꼈는지 이해할 수 있었지만, 항상 이해할 수 있는 것은 아니었다. 때론 사랑을 느끼지 못하는 그들의 감정은 어떤 것을 좋거나 나쁘게 느끼는 능력이 없음에 근거하고 있는 것처럼 보였다. 많은 사람들이 일어났던 일, 일어날지 모를 일, 일어날 수 있는 일에 사로잡힌 것처럼 보였다. 그들은 생각에 너무 사로잡혀서 그 순간의 경험을 놓치고 있었다.

정서적 알아차림과 연결성이 우리 삶에 작용하는 역할 발견하기

박사과정을 마쳐갈 때, 나는 UCLA에서 실시하는 임종을 앞둔 암 환자 대상의 실험 프로그램에 합류할 기회를 얻었다. 그 프로그램은 건강 문제에 대해 폭넓은 관점을 제시하며, "전인건강(holistic health)"이라 불리우는, 당시로는 새로운 주제에 초점을 맞추고 있었다. 그 기회는 내게 정말 잘 맞는 것이었다. 남편 로버트(Robert)와 나는, 인본주의 심리학회에서 조직한 매우 인기있었던 컨퍼런스 시리즈에서 전인건강 주제를 탐구해 가기 시작했다.

내가 접했던 건강에 대한 보다 폭넓은 관점은, 나의 치료적 방향에 영향을 미쳤다. 내가 참여했던 치료법들에는 1960년대와 1970년대 개발된 많은 새로운 이론들과 치료들이 포함되어 있었다. 그 일은 흥분되는 일이었다. 특히 우리가 치료했던 환자들이 생존했고 실제로 7년 이상 더 살아내는 것을 보았을 때 더욱 그러했다. 이 덕분에 나는 개발한 치료법과 환자의 생존율 간의 연관성을 탐구하는 연구 프로젝트를 맡게 되었다.

수년의 시행착오 끝에 우리는 마침내, 환자들이 자신의 감정 및 스트레스와 어떤 관계를 맺는지가 그들의 생존능력과 관련된다는 것을 발견하였다. 자신이 느꼈던 것을 인식했고 자신의 느낌을 수용했고 의사결정과정에서 정서적 알아차림을 활용했던 사람들이, 그렇지 않았던 사람들보다 더 나은 결정을 하고 더 생존할 가능성이 많았다. 왜 이런 일이 일어나는지는 모르겠지만, 나는 감정이 중요하다는 것을 배웠고 스트레스가 정서적 알아차림을 둔하게 한다는 것을 배웠다.

정서적 연결성에 대한 질문에 답을 찾기

나는 환자들의 스트레스를 감소시키고 정서적 알아차림을 높여주기 위해, 사람들이 자신의 정서경험을 인식하면서 편안하게 머무를 수 있는–심지어 불쾌한 경험을 하더라도–방법을 가르치는 명상법을 개발하기 시작했다. 건강하고 행복하게(well–being) 살아가는 데 감정이 작용하는 역할을 이해하고 나서, 나는 두 번째 책 "두려움에서 벗어나 살아가기(Living Beyond Fear)"을 발간하였다.

1980년대 제약 산업이 정신건강분야를 점령하기 시작했을 때, 치료에 대한 나의 관심은 시들해지기 시작했다. 나는 감정을 변화시키는 약물이 정신건강 회복에 나름의 역할을 하고 있지만, 대부분의 정신건강 문제에 대한 장기적 해결책은 제공하지 못한다고 믿었다. 그리고 1990년대에는 두뇌 연구와 기술이 폭발적으로 이루어졌다. 정서에 대해 내가 알고 있는 것과 정서지능이라는 새로운 분야 간의 연관성을 발견하고 나서, 나는 이 주제에 대해 깊이 연구하기 시작하였다. 그러한 발견들을 토대로, 나는 정서지능과 정서적 인식의 관련성에 대한 두 권의 책을 썼다.

2000년대를 맞이하면서 나는 점차 처음 정서적 건강 또는 정서적 건강 부재가 어떻게 생겨났는지에 관심이 가기 시작했다. 나는 로스앤젤레스에서 "신경세포에서 지역사회까지(From Neurons to Neighborhoods)"이라는 이름의 지역사회 컨퍼런스를 두 번 열었고, 이 주제를 논의하기 위해 각 분야 선두자들을 초청했다. 이를 통해 공공분야와 산업분야 전문가들에게 뇌 발달, 스트레스, 트라우마에 대한 가장 최신 지식을 알릴 수 있었다.

이 모든 정보를 흡수하면서, 나는 정서와 스트레스가 우리의 정신 건강 문제에 작용하는 역할에 대해 점점 더 알게 되었다. 또한 스스로를 변화시킬 수 있는 뇌의 능력과 이러한 변화에 개입할 수 있는 우리의 능력에 대해서도 깊은 깨달음이 생겼다. 그리고 사람들을 관찰하고 사람들과 함께 작업하고 사람들을 돕기 위해 일하면서, 결코 가능하리라고 생각지 못했던, 나를 변화시킨 개인적 발견도 이뤄냈다.

나의 삶에 대한 회고

나의 부모님은 좋은 분들이셨고, 지금도 나는 부모님이 나를 사랑하셨다는 사실에는 추호의 의심이 없다. 하지만 아이였을 때 나는 사랑받는다고 느끼지 못했다. 부모님 두 분 다 열심히 일하셨고 자식의 안녕에 전념하셨다. 부모님은 두 딸을 위해 최선을 다하셨지만, 우리 자매는 필요로 하는 사랑을 받는다고 느끼지 못했다. 나는 감정을 철회하고 관찰자가 됨으로써 그 시기를 견뎌냈다. 나는 타인과 자연에 주의를 기울였고 외로울 때는 크레용을 꺼내서 오랜 시간 동안 그림을 그리면서 스스로를 위로했다.

내가 가졌던 약간의 외로움과 소외감은 십대가 되어 훨씬 더 심해졌다. 나는 선생님들께는 사랑을 받았지만 급우들에게는 인기가 없었다. 나는 부끄럼이 많았지만 상처받거나 뭔가 잘못된 것 같으면 열을 내며 내 감정을 알렸다. 나는 매력적이고 진지한 학생이었기 때문에 남의 관심을 받았지만 그 관심은 별로 의미있게 느껴지지 않았다. 내가 갈망하며 책 속에서 찾아내려 애썼던 미지의 무언가가 있었다. 나를 안전하고 온전하게 느껴지게 하는 어떤 것을 찾으려고 했다. 그러나 그것이 무엇인지 몰랐고 어떻게 찾을 수 있는지도 전혀 알지 못했다. 그래서 나는 계속해서 찾아나갔다.

다행스럽게도 내 호기심을 철저하게 마음껏 채울 수 있는 많은 기회들을 만났다. 처음에는 예술과 인문학에 관심을 가졌고 이후에는 정신, 심리학, 자기와의 관계에 몰두했다. 대학공부를 하면서 나는 자기(self)가 지나치게 좁은 주제라는 것을 알았고 전공을 사회학으로 바꾸었다. 곧 나는 여성 집단의 리더가 되었고, 결혼·가족 상담사와 사회사업가 양성 훈련을 받았다.

1990년대 뇌 연구와 기술이 활발하던 때, 나는 가장 큰 정신건강 위기에 봉착했다. 1996년, 내 사랑하는 딸 모건 레슬리(Morgan Leslie)는 많은 항우울제와 약물치료에도 불구하고 우울증이 악화되었고 결국 스스로 목숨을 끊었다. 이 일을 겪은 후, 나는 내가 믿었던 모든 것들과 지금까지 내가 썼던 모든 글들에 회의를 느꼈다. 그 후로 4년 동안 하루도 빠짐없이 느꼈던 슬픔을 온전히 받아들임으로써, 나는 간신히 생존할 수 있었다. 어느 날, 나는 "이 슬픔이 내 남은 삶 동안 느껴지더라도 받아들이겠다"라고 중얼거렸다. 이 경험은 삶을 완전히 받아들이는 데 있어, 나를 예전보다 더욱 강하고 슬기롭고, 더욱 결단력 있게 만들었다. 내 딸의 죽음을 통해, 나는 사랑받는 것(being loved)과 사랑받음을 *느끼는 것*(feeling loved) 간의 차이도 알게 되었다. 가족과 지인들은 내 딸을 깊이 사랑했지만, 나는 딸이 사랑받고 있다는 것을 느끼지 못했다고 믿는다.

딸을 추모하기 위해, 남편과 나는 비영리 정신건강 웹사이트를 만들었다. 우리 부부는, 만일 딸이 희망과 방향 감각을 제시하는 공정하고 믿을 만한 정보를 접했더라면 그렇게 세상을 버리지 않았을 것이라고 믿었다. 그 믿음으로부터 영감을 얻어, 1999년 Helpguide.org라는 웹사이트를 개설하였다. 캘리포니아 산타모니카의 작은 프로젝트로부터 시작된 이 웹사이트는, 1년에 6,500만 사람들이 방문하는 세계적으로 인지도 있는 사이트가 되었다. 나는 Helpguide.org의 성장이 전 세계 사람들이 날마다 정신건강에의 도전을 받고 있다는 것을 의미한다고 생각한다. 대부분의 사람들이 경험하는 그 도전에는 공통적인 문제가 뿌리박혀 있다. 문제는 사랑받는다고 느끼는 것과 우리가 사랑하는 사람들이 사랑받고 있다고 느끼게 하는 것이 절대적으로 필요하다는 것에서부터 시작된다.

이 책 "사랑받는 느낌: 의미있는 관계를 키우고 지속적인 행복을 만드는 과학(*Feeling Loved: The Science of Nurturing Meaningful Connections and Building Lasting Happiness*)"은 사랑받고 있다고 느끼지 못하는 사람들을 위해 지어진 책이다. 이 책의 목표는 당신이 이 느낌을 경험하도록 하는 것이고 다른 사람들과 나누도록 하는 것이다.

나는 사랑받는 것과 사랑받는다고 느끼는 것을 구별짓게 하는 여섯 가지 과학적 원리에 근거한 다양한 내용으로 이 책을 구성하였다. 또한 그 구별을 가능케 하는 방법을 제공할 것이고, 왜 많은 사람들이 사랑받음을 느끼는 것과 같이 중요한 경험을 잃어버리고 사는지에 대해서도 살펴볼 것이다.

이 책이 쓰여진 것은 당신의 행동에 박차를 가하도록 돕기 위해서이다. 직접 행동하는 것이 중요하다. 그 전에 당신이 무엇을 찾고 있는지와 어떤 습관들과 가정들이 당신을 방해하고 있는지도 알 필요가 있다. 더 나은 변화는 낡은 존재방식을 새롭고 보다 생산적인 경험들로 바꾸어 가는 맥락 속에서 일어난다. 이 책은 지도(指導)처럼, 사랑받는 느낌의 경험이 건강과 행복에 있어 왜 꼭 필요하지를 설명하면서 시작한다. 또한 이 목적을 달성하는 데 필요한 도구와 자원도 제공한다. 하지만 그 해결책을 제공하기 전에, 변화의지를 늦추거나 가로막는 보편적인 장애물을 설명하는 데 지면을 할애하였다. 때론 원하는 것을 하지 못하는 주된 원인은 너무 바빠서 다른 어떤 것을 할 수 없다는 사실일 것이다.

1장에서는 우리가 사랑받는다고 느낄 때 가지는 경험이 건강과 행복에 있어 매우 중요하다는 사실을 설명할 것이다. 2장에서는 이러한 의지에 방해가 될 수 있는 습관과 가정에 대해 설명할 것이다. 3장에서는 당신 삶의 한 부분에서 사랑받는 경험을 만들어 주는 도구와 자원을 제공할 것이다. 4장에서는 이러한 기술이 실제로 어떻게 작동하는지를 간략하게 보여줄 것이다.

이 책은 광고 없이 비영리로 운영되는 Helpguide.org 웹사이트와 연관된다. 이 책을 웹사이트과 연결시킨 것은 두 가지 면에서 더 도움을 주고 싶기 때문이다. 첫째, 도전을 극복하고 삶을 향상시키기 위해 영감과 정보를 얻을 수 있는 추가적인 자원 제공. 둘째, 온라인으로 무료 운영되는 오디오/비디오를 활용한 완벽한 단계별 프로그램 제공.

마지막으로, 이 책은 일반 대중을 위해서 쓰여졌지만, 참고문헌에서 제시한 것처럼, 수십 년의 연구에 근거하여 쓰여졌다는 점을 밝혀두고 싶다.

1부

가득찬 삶과 텅 빈 마음

우리는 예전보다 더 많은 것을 소유한다. 더 많은 소유물, 더 많은 음식, 더 많은 접촉, 세계 곳곳의 더 많은 정보와 장소들. 스마트한 도구와 인터넷으로 우리 삶은 매우 풍요로워졌다. 그렇게 풍요로워 보이고 우리를 둘러싼 세계와 접속하고 있는 것처럼 보여도, 우리는 우리의 감정, 정서와 점점 덜 접촉하고 있고 점점 더 많은 스트레스를 받고 있다. 우리는 텅 빈 마음으로, 가장 중요하게는 사랑받는 느낌 없이, 타인 그리고 자신과 관계하고 있다. 하지만 우리는 통제불능과 무기력이라는 딜레마에 빠진 희생양은 아니다. 사랑받는 느낌–일단 우리가 이것이 무엇인지, 이 경험으로부터 스스로를 어떻게 배제하고 있는지를 안다면–은 새로운 기술을 배우고자 하는 모든 사람들에게 성취 가능한 목표이다.

1장

사랑받는 느낌의 경험

사랑과 두려움은 우리 삶에서 가장 중요한 영향을 미치는 감정이다. 둘 중 하나는 우리가 매일 느끼고 생각하고 행동하는 많은 부분의 원인이 된다. 두 감정 모두 반사적인 생물학적 반응을 만들어 낸다. 섬뜩 놀라는 일이 생기면, 호르몬이 폭포처럼 흘러나와 자동적으로 분노, 회피, 마비가 일어난다. 사랑받는다고 느끼면, 다른 호르몬들이 흘러나와 안전, 안심, 행복을 느끼게 한다. 사랑받는다고 느끼면 즐거운 감정이 흘러넘친다. 보호받는다고 느끼기 때문에, 마음과 정신이 수용되고 개방된다. 반면, 두려움은 삶에서 긍정적인 감정을 빼앗아 가고 몸을 스트레스에 지치게 하고 마음을 편협하게 만들면서 스스로를 꼼짝달싹할 수 없게 한다.

스스로를 행복하고 차분하고 집중적이고 여유 있게 만들 수 있는 능력이 생기기 때문에, 사랑받는다고 느낄 때 우리가 성취할 수 있는 존재방식은 여느 사람들과 다르다. 사랑받는 느낌은 어떤 도전을 만나도 스트레스의 근원을 물리치고 적응유연성을 발휘할 수 있을 정도로 강력한 경험이다. 사랑받는 느낌은 "취하느냐 혹은 버리느냐"의 선택사항이 아니다. 사랑받는 느낌은 물, 음식처럼 살면서 주어지지 않을 때 갈망하게 되는 생물학적 필요라고 할 수 있다. 사랑받는다고 느끼지 못할 때 우리는 본능적으로 우리 삶의 중요한 어떤 것이 빠져있다는 것을 알게 된다.

그래서 오늘날 많은 사람들이 소외감과 외로움을 느낀다.–이는 두려움이 우리 삶을 지배한다는 증거이다. 비록 이전보다 타인과 연결할 수 있는 기술, 오락, 기회를 더 많이 누리고 있지만, 우리는 삶이 확장되었다기 보다는 축소되었다고 느낀다. 개인적으로, 그리고 사회 전반적으로, 점점 더 걱정과 불안이 늘어나고 있다. 결혼한 사람들의 절반 이상이 파경을 맞는다–흔히 한 번 이상. 우리 중 절반은 홀로 지내는데, 대개는 홀로 살기를 선택한 것은 아니다. 미국인 네 명 중 한 명은 마음을 털어놓을 사람이 없다고 말한다. 우리가 느끼는 외로움, 소외감, 감정적 스트레스는 우리가 사랑을 느끼며 살고 있지 못함을 보여준다. 우리는 사랑받고 있고, 다른 사람들에게 사랑받고 있다고 느끼게 만들기 위해 노력해 왔다. 하지만 원하고 필요한 사랑을 얻는 능력을 발현시키지 못하게 하고 "사랑받지 못하면 어떡하나"하는 두려움마저도 무디게 만들었던 이해관계와 습관들 때문에, 우리의 그러한 노력은 잘 실현되지 못했다.

사랑받는 느낌은 정서적으로 의사소통하는 능력에 달려 있다. 우리는 이 능력을 신장시키는 기술을 학습할 수 있다. 그리고 그 기술을 실천하면 우리는 현재 그리고 남은 인생동안 사랑받는 느낌이라는 기회를 보상받을 수 있다. 그 첫 번째 단계는 우리가 사랑받는다고 느끼는 경험을 이해하는 것이다. 그리고 왜 이 감정을 확인하고 가치를 부여하는 것이 그토록 어려운지를 이해하는 것이다.

우리는 사랑을 필요로 한다.
하지만 사랑을 얻는 방법을 알지 못한다.

우리는 모두 자신의 삶에서 사랑을 원한다. 하지만 대개 사랑을 발견하고 유지할 수 있는 방법을 알지는 못한다. 그 이유 중 하나는, 우리가 사랑을 원하기는 하지만 실제로 사랑이 어떻게 느껴지는지 충분히 알지 못하기 때문이다. 우리는 스스로 사랑받고 있다고 느끼거나 좋아하는 사람이 사랑받고 있다고 느끼도록 만드는 데 필요한 조건들을 알지 못한다. 우리는 때때로 왜 그렇게 형편없는 선택을 하는지, 왜 좋은 선택을 할 수 없는지 잘 모른다. 우리는 사랑하고 사랑받는 느낌을 갖도록 하는 능력을 방해하는 행동을 확실히 알지 못한다. 아래에 제시한 리비(Libby), 오스카(Oscar), 카렌(Karen)의 이야기는 사랑받음을 느끼고자 갈망하지만 무엇을 찾아야 하는지 모르거나 혹은 너무 두려워서 스스로 사랑받고 있음을 느끼지 못하는 사람들의 사례이다.

사랑을 알지 못했던 여인

리비(Libby)는 그녀가 특별히 예쁘다는 사실 말고는 별다른 관심을 주지 않았던 대가족 속에서 성장했다. 걸음마 무렵부터 리비는 주목을 받기 위해, 미소짓고 눈을 깜빡거리고 내숭을 떠는 방법만을 사용하였다. 그러한 습관은 그녀의 몸에 깊이 배여 어른이 되었을 때 남자를 만나면 같은 방식으로 주목을 끄는 행동을 했다. 그럼에도 불구하고 피터(Peter)라는 남자는 리비를 그저 예쁜 아가씨로만 보기보다, 리비 내면의 많은 것을 봐 주었다. 둘은 짧은 연애 끝에 결혼하였다. 피터는 리비의 외모가 아니라 리비가 자신과 세상에 대해 어떻게 느끼는지에 대해 정말 관심이 있었는데, 이런 일은 리비에게 처음 있는 일이었다. 그러나 그녀는 가족들의 물질적인 필요에 신경쓰는 좋은 아내이자 엄마가 되고자 최선을 다했고 자신의 외모가꾸기에 집중했다. 하지만 정서적인 관계를 추구하지 않았기 때문에, 그녀의 가족 중 아무도 자신이 필요로 하는 사랑을 받지 못했고 그녀 역시 남편, 아이들과의 관계가 고통스러웠다.

두려움 때문에 사랑을 경험하지 못했던 남자

오스카(Oscar)는 꽤 오랫동안 계속해서 유모들의 보살핌을 받으며 자랐다. 그 결과 그는 친밀감을 두려워하는, 긴장과 경계심이 가득한 아이가 되었다. 오스카는 사람보다 정교한 기계에 관심을 가졌다. 그는 지적인 사람이었지만 자신감없고 의심이 많은 사람이었다. 그리고 자신이 부유한 가정 출신이기 때문에 사람들이 그의 돈만을 좋아할 거라고 믿었다. 그는 30대에 안정감과 마음의 평화를 얻고자 종교적 성지를 순례하는 세계여행을 하였다.

오스카의 첫 아내는 비슷한 사회적 배경의 여인이었지만, 결국 둘은 이혼으로 결혼생활의 종지부를 찍었다. 그 일로 그는 친밀한 관계에 대해서 훨씬 더 두려움을 느끼게 되었다. 그 후에 그는 가난한 아이들을 돕는 자선단체에서 프란시스(Francis)라는 여인을 만났다. 프란시스는 오스카의 정서적 문제를 알아차렸고 또한 오스카 내면의 친절함과 선함도 알아보았다. 그의 인생 처음으로, 오스카는 사랑받는 느낌을 경험했고 누군가가 자신을 사랑한다는 것을 믿었다. 처음에 그들은 전 세계를 함께 여행하고 탐험하면서 행복함을 느꼈다. 하지만 머지않아 오스카는 그의 오랜 불안정감에 점차 점령당하기 시작했다. 프란시스가 오직 돈 때문에 자신과 결혼했을 것이라고 믿으면서 프란시스의 돌봄과 관심을 무시했고 그녀와의 따뜻한 신체적 접촉을 멀리하였다. 프란시스는 오스카가 사랑을 느끼도록 오랫동안 노력했지만 그 노력은 수포로 돌아갔다. 결국 그녀는 노력하기를 포기하였고 두 사람은 이혼하였다.

사랑을 깨닫지 못했던 여인

알콜중독자 어머니를 두었던 **카렌(Karen)**은 혼란스럽고 충격적인 어린 시절을 보냈다. 그녀의 어머니는 때론 그녀를 사랑스럽고 부드럽게 대하였으나, 가끔은 소리를 질렀고 카렌을 어리석고 보잘것없는 아이라고 말했다. 고등학교를 졸업하고 집을 떠날 때까지 그녀의 의붓아버지가 카렌을 어머니로부터 보호하고자 최선을 다하였지만 그녀가 받은 상처는 매우 깊었다. 당연히, 카렌은 세상을 살아가는 자신감이 부족했다. 그녀는 영리함과, 특히 부지런함으로 자신의 부족한 자신감을 보완하였다.

그녀의 첫 직업은 문서 정리원이었다. 열심히 일해 능력을 보여준 그녀는 1년이 되지 않아 매니저로 승진하였다. 인생 처음으로 카렌은 긴장을 풀었고 경계를 늦추기 시작했다. 회사의 많은 남자들이 그녀와 데이트하기를 원했으나 토니(Tony)를 만나기까지 카렌은 모든 남자들을 멀리하였다. 그녀는 자신감, 매력, 훌륭한 외모를 지닌 토니에게 흠뻑 사랑에 빠졌다. 하지만 그녀는 사랑하는 관계에 대한 경험이 별로 없었기 때문에 토니의 행동이 자신의 어머니와 얼마나 닮아 있는지 인식하지 못했다. 술을 마셨을 때 토니는 마치 그녀의 어머니처럼 비열하고 폭력적으로 변했다. 하지만 카렌은 토니와 결혼하고 나서야 그 사실을 깨달을 수 있었다.

리비, 오스카, 카렌과 같은 사람들은 사랑받는 느낌을 갈망하지만, 자신이 무엇을 찾고 있는지 알지 못하거나 너무 두려워 결코 보지 못하기 때문에 눈앞에 있는 기회들을 놓쳐 버린다. 우리 중에는 리비, 오스카, 카렌과 비슷한 경험을 한 사람들도 있을 것이다. 그러나 정서적 충만함을 얻고자 노력했지만 실패했던 경험들 속에서 자신이 어떤 역할을 했는지 아는 사람은 많지 않다. 또한 알면 알수록 오히려 잘 모르는 것 같은 느낌이 들기도 한다.

많아 보이지만 없다고 느껴지는 이유

우리가 원하는 것을 갖지 못할 때, 많이 가질수록 더 부족한 것처럼 느껴질 수 있다. 원하는 것을 추구하는 데 몰두해 있으나 스스로를 최선의 모습으로 느끼고 존재하기 위해 필요한 것들을 얻지 못한다면, 꽉 차 있지만 공허한 느낌을 느낄 수 있다.

음식을 먹어도 영양이 충분치 않을 수 있고 물을 마셔도 갈증이 해소되지 않을 수 있는 것처럼, 실제로 연결되어 있지만 연결감을 느끼지 못할 수 있다. 수백 명의 온라인 친구들을 가지고 있더라도 안정적이고 가치있는 관계를 맺고 있지 못하다면, 충만감을 느끼기 어렵다. 또한 당신은 다른 사람들을 돌보고 돌봄을 받을 수도 있지만, 당신에게 필요한 가치있는 경험을 주고받지 못할 수도 있다.

사랑받고 있지 않다고 느껴지는 신호

느낌을 말로 표현하는 것은 어렵다. 특히 공허함과 갈망의 느낌은 더욱 그렇다. 하지만 구체적인 질문들에 대한 답을 통해, 우리가 무엇을 놓치고 있는지 알 수 있을지도 모른다. 당신은 기분이 언짢을 때 한밤중에 연락할 수 있는 사람이 있는가? 당신의 말에 귀를 기울일 뿐 아니라 당신이 느끼는 것, 도와주길 바라는 것을 진정으로 보살펴 줄 누군가가 있는가? 당신의 배우자나 연인은 당신과 대화하기를 원하는가? 아니면 등을 돌리고 잠이나 자라고 말할 것 같은가? 또는 당신이 혼자 산다면 우울할 때 위로해 주러 오거나 즐거울 때 축하해 주러 올 사람이 있는가? 당신이 신뢰하며 함께 있을 때 안전감을 느끼는 사람이 있는가? 당신이 사랑하는 사람들은 실제로 당신이 사랑하고 있다는 것을 *느끼고 있다*고 확신하는가? 그들은 당신이 그들을 있는 그대로 인정하고 있다는 것을 알고 있는가? 만일 이 질문들에 "아니요"라고 답한다면, 당신이나 당신이 좋아하는 사람들은 사랑받는다고 *느끼*는 경험을 놓치고 있을 것이다.

사랑받는 것과 사랑받는다고 느끼는 것은 다르다

사랑받는 것과 사랑받는다고 느끼는 것은 다른 말이다. 보살핌을 받는 것과 보살핌을 받는다고 느끼는 것에는 차이가 있다. 당신이 누군가를 돌보고 그들에게 필요를 제공하고 그들을 보살필 수는 있지만, 충분히 천천히 진행하지 않거나 정서적인 유대감을 어떻게 만드는지 모른다면 사랑받는 느낌을 경험할 수 없다. 당신의 모든 신체적, 지적 요구를 충족시켜 주려고 최선을 다하는 사람일지라도, 당신의 *정서적* 요구를 알아차리고 반응할 기회를 완전히 놓칠 수 있다. 그들이 당신을 바라보지 못한다면, 당신이 슬퍼한다는 사실을 모를 수 있다. 그들이 당신의 좌절과 두려움을 듣지 못한다면, 그들의 반응은 당신을 더 화나게 하거나 더 두렵게 만들 수 있다. 이런 일이 생기면, 당신은 돌봄을 잘 받고는 있으나 사랑받는다고 느끼지는 못한다는 것을 깨달을 것이다. 정서적 이해와 연결감을 전달하는 얼굴표정, 신체적 언어, 기타 비언어적 신호들을 사용하지 않고는, 우리는 사랑받고 있다고 느낄 수 없고 정서적 충만함도 느낄 수 없다. 많은 과학적 연구들도 그 이유를 뒷받침하고 있다.

긍정적인 정서적 연결성을 경험하고자 하는 욕구를 설명하는 과학

수세기 동안 사랑은 예술가들, 시인들, 음악가들의 관심 속에 있었지만, 최근에는 과학자들이 사랑받는 느낌의 경험에 관심을 가지기 시작했다. 현재 많은 과학 분야에서−건강하고 행복해지기 위해서−왜 우리가 사랑받는 느낌을 만드는 방식으로 다른 사람들과 정서적으로 관계해야 하는지를 설명하는 데 집중하고 있다. 생화학, 신경과학, 유아발달, 심리학, 정신과학, 마음·뇌 연구와 같은 다양한 학문분야들은 타인들과의 긍정적인 정서적 연결성이 신체적이나 정서적 면에서 중요한 이유를 연구하고 있다.

사랑받는 느낌: 신경과학과 유아발달학에서의 초점

뇌 과학은 신생아의 사랑받는 느낌의 경험에 초점을 맞추었고, 이것은 완전히 새로운 학문분야를 불러일으켰다: 유아발달학. 1990년대 뇌 연구와 기술공학을 통해, 갓 태어난 아기의 뇌세포들 간의 연결은 다른 신체기관들과는 달리 매우 무질서하다는 깜짝 놀랄만한 사실을 발견했다. 그 만큼 놀랍고 중요한 사실은 유아들이 엄마나 주 양육자와 어떤 경험을 했는지가 뇌 조직에 반영되어 있다는 것이다. 따라서 인간의 뇌는 사회적 관계에 깊이 의존하고, 일생 동안 비언어적, 정서적, 사회적 단서에 의해 조절된다.

또한, 뇌 과학은 다른 신체기관들과는 달리 평생토록 새로운 세포들을 생산해 내고 다른 세포들과 새로운 연결을 이루어 내는 뇌의 독특한 능력을 밝혀냈다. 이러한 뇌의 특성 덕분에 오래된 뇌 조직에 결함이 있고 심지어 병이 들어도, 우리는 건강하고 새로운 신경조직을 만들어낼 기회를 얻을 수 있다.

긍정적인 뇌 변화가 전 생애 동안 이루어질 수 있다는 지식 덕택에 초기 아동발달 연구결과를 특별히 성인기와 관련시켜 볼 수 있다. 세계적인 연구들을 살펴본 결과, 인간은 안전감을 느끼고 성장하고 행복해지기 위해 특별한 관계를 필요로 하며 세상으로 나아감을 알 수 있었다. 이와 같은 안정적 관계는 다음의 특징을 가진다. 양육자와 유아 간에 비언어적이고 정서적인 교류가 이루어지면 유아는 양육자가 자신을 바라보고 이해하고 자신의 가치를 존중한다고 느낀다. 실제로 최근 널리 받아들여지고 있는, 시카고 일리노이 대학 뇌-신체 센터의 전 센터장인 스티븐 포제스(Stephen Porges) 박사의 이론에서도 출생시뿐만 아니라 한평생 지속적으로 이와 같이 누군가와 공유하는, 비언어적이고 정서적인 경험이 필요한 이유를 밝히고 있다.

사랑받는 느낌은 스트레스에 대한 자연 해독제이다.

포제스는 그의 연구에 근거해 자율신경계의 기능과 미주신경(제 10 뇌신경)이 수행하는 역할을 재정의했다. 그는 신경 시스템의 부교감계와 미주신경이 동일한 회로가 아니라 각각 구별되는 회로를 가지고 있다고 설명한다. 우리가 그동안 알고 있었던 바는, 위협에 직면했을 때 원시 파충류의 신경회로는 마비(freeze) 또는 비활동(immobility)의 방식으로 반응한다는 것이었다. 여기에 덧붙여, 포제스는 두 번째 회로를 발견했다. 이 두 번째 회로는 오직 포유동물에게서만 발견되는 회로인데, 이 회로는 위협으로 지각되는 상황을 직면했을 때 매우 다르면서 훨씬 더 사회적인 반응을 만들어 낸다.

포제스는 두 번째 미주신경 회로를 "사회적 관계 회로(the social engagement pathway)"라고 이름붙였다. 왜냐하면 이 회로는 눈, 입, 중이(middle ear)를 포함한 얼굴과 연결되어 있기 때문이다. 이 회로는 가까이 있는 사람들로부터, 안전함을 전달받고 편안함을 제공받는 무언의 표정과 소리를 포착해 낸다. 또한 이 회로는 심장 혈관계와 뇌의 정서적 영역과 연결되어 있다. 이 회로의 기능은 스트레스를 조절하는 것으로, 원시 신경계의 보호전략에 제동을 걸어 이 기능을 해 낸다. 이처럼 보다 사회적인 이 신경회로는 위협을 만날 때, 보다 원시적인 반응들을 중단시키면서 작동하기 시작한다. 교감신경계(sympathetic branch)가 안전과 인정의 신호를 받으면, "투쟁과 회피(fight and flight)"의 메시지는 중단된다. 인간에게 원시적인 신경 회로는 오로지 사회적 관계 회로가 실패할 때만 활성화된다. 더 원시적인 반응들로 빠지지 않음으로써, 우리의 마음은 확신에 차고 우리의 감정은 순조롭게 유지되는 것이다.

다중미주신경이론(Polyvagal Theory)은 왜 사랑받는 느낌이 그토록 중요한지에 대해서 분명하게 설명하고 있다–유아기 뿐 아니라 평생토록. 스트레스를 조절하고 생각과 감정을 순조롭게 유지하게 위해서, 우리는 사랑받고 있다고 느끼는 경험이 필요하다. 위협감을 느끼고 기진맥진하고 격한 감정에 휩싸일 때, 사랑받는 느낌은 우리 자신을 온전하고 편안하게 느껴지도록 만든다. 보이고 들리고 마음에서 느껴지는 감정적 단서들을 활용한 비언어적 교류는 스트레스를 중화시킨다. 고통스런 감정은 이완된 상태로 되돌려 주는 감각으로 대체된다. 눈 깜짝할 사이에, 우리는 각성된 느낌에서 이완된 느낌으로 옮겨간다. 사랑받는 느낌은 자연이 준 스트레스 해독제인 것이다.

긍정심리학은 사랑받는 느낌의 강력한 논거를 만들어 준다.

긍정심리학-무엇이 인간을 진정으로 행복하게 하는가를 연구하는 학문-을 통해, 우리는 우리가 생각하는 대부분의 것들로는 행복해지지 못한다는 것을 발견할 수 있다. 많은 사람들은 스스로 말한다. "나는 번듯한 직업을 찾고 돈을 많이 벌고 좋은 관계를 맺고 괜찮은 사람과 결혼해서 자식을 낳기 전까지는 행복해질 수 없어." 또한 그들은 꿈이 이루어지지 않았기 때문에, 또는 자신이 너무 늙었거나 병들었기 때문에 행복할 수 없다고 스스로에게 말한다.

긍정심리학 연구에 의하면 위에 열거한 어떤 조건과 지속적인 행복이 관련된다는 것을 뒷받침하지 않는다. 실제로 증명된 것은, 사람들을 행복하게 만드는 것은-단지 그 순간 뿐 아니라 짧은 기간 동안-다른 사람들과 함께 즐거운 경험을 하는 것이었다. 심지어 그 경험들 중에는 해당되는 경험이 아니라고 생각될 수 있는 사례들도 포함되어 있었다. 예를 들어, 사람들에게 이런 질문을 던졌다. 여행 중에 홀로 앉아 가겠느냐 혹은 옆에 앉은 사람과 이야기를 하며 가겠느냐. 그러자 사람들은 홀로 가는 편이 낫겠다고 대답했다. 하지만 이 가설을 검증하기 위해 실제로 실험을 해 보았을 때, 다른 사람 옆에 앉아 갔던 사람들은 홀로 앉아 갔던 사람들보다 여행을 훨씬 더 즐거운 경험으로 보고하였다. 우리는 사람이 필요하지 않다고 생각할 때조차도, 실은 사람을 필요로 하고 있는 것이다.

행복과 행복의 지속적인 효과는, 사람들과 함께 있을 때 겪게 되는 스트레스를 이완할 수 있을 뿐 아니라 대화에 참여하는 동안 그 순간에 집중할 수 있다는 사실과도 관련되는 것 같다. 긍정적인 사회적 맥락은, 스트레스가 없고 과도한 생각으로부터 벗어나는 것 말고도 참여, 웃음, 즐거움, 그 밖의 긍정적인 정서적 경험의 기회도 제공한다.

정서지능(Emotional Intelligence)은 사랑받는 느낌의 가치를 강조하는 영역이다.

정서지능 연구결과는–지능의 별개 형태로 정의되든 그렇지 않든지 간에–명백히 통찰, 창의, 성과를 향상시켜 우리가 하는 일과 전문적 삶의 가치를 높여 주고 있다. 타인과의 협업에서 잘 기능하고 타인을 고무시켜 최선을 이끌어 내는 사람들이 있다. 그다지 놀라울 것도 없이, 그들은 스스로 긍정적 감정을 느끼고 다른 사람들에게 사랑받는다고 느끼게 만들 줄 아는 사람들이다. 감정적으로 자신/다른 사람들과 관계할 수 있는 능력 덕분에, 그들은 자기 스트레스와 대인관계 스트레스를 관리할 수 있다. 결국 그들은 이 능력을 통해 자기 자신과 함께 일하는 사람들이 평온하게 머물고 명료하게 생각하고 창의적으로 존재하고 생산적으로 행동할 수 있도록 격려한다.

정서지능은 문제 해결과 현명한 결정을 위한 광범위한 정보와 경험을 제공하며, 정서적 인식과 정서적 관리의 가치를 강조한다. 직장에서 긍정적인 정서적 관계를 맺는다면, 결과적으로 당연히 스트레스는 줄어들고 일의 만족감은 커지며 행복과 생산성은 높아질 것이다.

생화학에서 바라본 사랑받는 느낌

일반적으로 우리가 어떤 것을 하고 있을 때, 그 어떤 것이 중요할 때, 그 어떤 것의 진실은 많은 다양한 학문들에서도 드러나고 있다는 것을 알게 된다. 사랑받는 느낌의 경험도 그러한 경우이다. 신경과학자, 사회과학자, 심리학자만이 이것의 가치를 발견한 것이 아니다. 화학자들도 발견하였다.

100여 년 동안, 신경과학자들은 생화학적 관점에서 사랑받는 느낌의 경험을 탐구해 왔다. 그들이 발견한 것은 옥시토신(oxytocin)이라는 호르몬이 사랑하는 경험과 사회적 행동을 촉진한다는 사실이다. 내분비 기능에 있어 옥시토신의 역할은 임신 전부터 시작되어 출산하는 동안 계속되다가 생애 내내 지속적으로 머물면서 작용한다. 이 호르몬은 뇌에서 심장으로, 몸 전체를 통과하며 이동한다. 이동하는 시간 동안 스트레스를 줄이고 매력, 애정, 행복을 포함한 감정을 촉발시킨다.

유대 또는 사랑의 호르몬으로 알려진 옥시토신은 부신(adrenal gland)을 소진시키고, 때때로 심각하게 우리의 몸과 뇌에 해를 가하는 코티솔(cortisol)과 같은 스트레스 호르몬에 대항한다. 옥시토신 수용기는 많은 사회적, 정서적 행동에 개입하며, 이 호르몬은 우리 아이들 뿐 아니라, 배우자, 친구, 심지어 애완동물과의 강력한 유대관계를 책임지고 있다.

옥시토신은 관심, 이해, 승인, 애정을 표현하는 비언어적인 정서적 단서의 교환을 통해 촉발된다. 그러한 단서에는 껴안기, 키스, 악수, 타인의 눈 응시하기, 기타 긍정적인 비언어적 단서들을 포함한다. 태어난 지 겨우 몇 주된 아기도 눈맞춤을 할 수 있고, 동작을 따라할 수 있고, 미소, 즐거운 소리와 같은 단서들을 주고받을 수 있다. 일생 동안 옥시토신은 우리가 사랑받고 있다고 느낄 때 경험하는 즐거움, 행복, 기쁨을 풍요롭게 만들어 준다.

사랑받고 있다고 느끼려면 천천히 걸어가야 한다.

달리고 있는 동안 이루어지는 정서적 소통은 성공하기 어렵다. 우리가 느끼고 있는 것과 다른 사람들이 느끼고 있는 것을 알아차리기 위해서는 속도를 늦출 필요가 있다. 사랑받는 느낌과 그것이 자극하는 생물학적 반응은 비언어적 단서에 의해 촉발된다: 적당히 알맞은 느낌을 주는 목소리 톤, 얼굴 표정, 촉감. 비언어적 단서는–소리내는 말보다–우리와 함께 있는 사람이 우리에게 관심이 있고 우리를 이해하고 가치있게 여긴다고 느끼게 한다. 그들과 함께 있을 때, 우리는 안전함을 느낀다. 심지어 우리는 야생에서도 비언어적 단서의 힘을 찾아볼 수 있다. 동물들은 포식자의 추격으로부터 도망치면서도 스트레스 해소 수단으로 서로 자주 코를 비빈다. 이러한 신체적 접촉은 안전하다는 확신감을 주고 스트레스를 해소시켜 준다.

그렇다. 말은 당신이 사랑하는 사람과 교류할 때 특히 의미를 가진다. 그러나 말의 영향력은 말로 표현되지 않은 것–비언어적 교류–이 성공하느냐 실패하느냐에 달려 있다. 만약 말로 표현된 내용과 표현된 방식 사이에 불일치가 있으면, 우리는 불일치를 즉각적으로 느끼고 혼란감이나 회의감에 빠질 것이다. 만일 어떤 사람이 사용하는 말과 신체언어가 일치하지 않는다면 우리는 사랑받는다고 느끼지 못할 것이다.

효과적으로 비언어적 단서들을 포착하기 위해, 우리는 잠시 멈춰서 한 순간에서 다른 순간으로 흘러가며 일어나고 있는 것에 초점을 맞출 필요가 있다. 비언어적 단서들은 대부분 빠르게 왔다가 지나간다. 그래서 면밀히 주의를 기울이는 것이 중요하다. 우리가 너무 바쁘거나 어떤 일에 사로잡혀서 정서적 소통에 필요한 만큼의 더 느린 걸음을 유지하지 못한다면, 사랑받는 느낌을 만들어 주는 호르몬 분비가 이루어지지 않는다. 다음 단계를 계획하거나 멀티태스킹하거나 단지 너무 기진맥진해서 알아차리지 못하거나 항상 정신없이 바쁘게 활동한다면, 스스로 사랑받고 있다고 느끼고, 사람들이 사랑받고 있다고 느끼게 만들어 줄 기회를 놓칠 것이다. 다음 이야기처럼 말이다.

그들에게 사랑받는 느낌이 필요하다는 것을 몰랐던 연인

마리벨(Maribel)이 **벤(Ben)**을 만났을 때 그녀는 자신의 행운을 믿을 수 없었다. 그녀처럼, 그도 이민자 가족이며 열심히 일했고 야외활동을 즐겼다. 머지않아 그들은 사랑에 빠졌고 결혼을 했다. 그들은 벤이 변호사로서 경력을 잘 쌓아갈 수 있도록 함께 집중하기로 했다. 이후 2년 동안, 벤은 사무실에서 긴 시간을 보냈고 그들은 정신없이 바쁘면서도 다소 외로운 생활을 했다. 그러나 그들은 행복했다. 마리벨은 알뜰하게 살림을 했고 원했던 임신도 미루었다. 벤은 매우 지지받는 느낌을 받았고 마리벨의 희생에 감사했다. 하지만 벤이 늘어나는 업무에 집중할수록 그들의 친밀감은 점점 퇴색해졌다. 벤이 회사를 개업하고 돈을 많이 벌수록, 마리벨은 남편을 점점 더 보지 못하게 됐다. 그는 그녀와 말을 하면서도 그녀를 거의 쳐다 보지 못했고 어딘가에 정신이 팔려있는 것처럼 보였다. 벤은 마음과 관심을 온통 일에만 둔 것처럼, 끊임없이 일했고 한 번에 여러 가지 일을 해내느라 바쁘게 지냈다. 모든 것이, 심지어 그들의 사회생활조차도 벤의 일 중심으로 돌아갔다. 1년 후, 부부는 아기를 가졌고 마리벨은 아들과 새 집을 돌보느라 여념이 없었다. 이 때쯤 마리벨은 불안함을 느끼기 시작했다. 그녀는 뭔가 잘못되었고 뭔가 빠져있다는 것을 알았다. 하지만 그것이 무엇인지 몰랐다. 남편은 그녀에게 잘 대해 주었다. 그는 아내에게 정성이 깃든 선물을 주었고 아내와 아이를 잘 부양하였다. 그럼에도 불구하고 마리벨은 예전에는 신경쓰지 않았던 많은 것들에 대한 걱정이 점점 더 늘어나고 있다는 것을 깨닫게 되었다. 그녀는 마치 인생에 대한 열정을 잃어가고 있는 것처럼 느꼈다. 그녀가 이러한 감정을 의사에게 털어놓자 의사는 항불안제를 처방해 주었다. 그 약은 그녀의 걱정을 완화시켜 주었지만, 보통 때 즐거운 일들을 하면서 느꼈던 기쁨의 감각마저 잃게 만들었다. 두 달 후, 그녀는 살이 찌기 시작했고 약을 끊었다.

그러한 삶은 계속됐고, 벤은 마리벨에게 안쓰러움을 느꼈다. 마리벨도 스스로 쉬거나 즐기지 못하는 자신의 무능함이 그녀 자신뿐만 아니라 남편에게도 부담이 된다는 것을 느꼈다. 그 때 그들의 삶을 멈추게 하는 사건이 일어났다: 벤이 암 진단을 받은 것이다.

암센터에서는 환자와 가족에게 무료 상담을 제공하고 있었다. 마리벨은 벤을 위해서라도 자신의 불안을 해결해야겠다고 생각하여 상담을 신청했다. 상담사의 격려를 받으면서 마리벨은 자신의 인생과 결혼에 대해 이야기해 나갔다. 왜 자신의 외로움과 불안을 남편과 나누지 않았느냐는 질문을 받았을 때, 그녀는 자신의 감정이, 특히 그가 아프게 된 후로는, 벤에게 부담이 될까 봐 두려웠다고 답했다.

또한 마리벨은 벤이 그들이 한 때 가졌던 관계를 그리워할지 모른다는 생각을 해 본 적이 없었다. 보다 많은 시간을 함께 보내고 있는 상황에서도–벤이 항암치료를 받는 동안 얼굴을 마주하고 이야기를 나누며 시간을 보내고 있음에도 불구하고-마리벨은 슬픔을 말했고 그들이 함께 나누었던 정서적 친밀감을 그리워했다. 시간적 압박이나 일에 대한 계획이 없어지자 벤은 편안해졌다. 벤 또한 그들이 한 때 나누었던 애정을 그리워한다는 사실을 받아들이며 눈물을 흘렸다.

벤의 회복은 그들의 관계를 회복하는 기회가 되었다. 벤은 사랑했던 일터로 다시 돌아갔지만, 오로지 아내와 함께 하는 시간을 만들어야겠다고 결심했다. 그들은 여유롭게 커피 데이트를 했고 저녁 산책을 했으며 여행을 다니기 시작했다. 육체적 친밀감 뿐 아니라 정서적 친밀감을 다시 한 번 나눔으로써 두 사람은 사랑받고 있음을 느꼈다. 벤은 암에서 회복되었고, 정서적 충만함이 가득 찬 삶 속에서 마리벨의 불안은 뒤편으로 물러나 버렸다.

사랑받는 느낌은 그 순간에, 얼굴을 마주할 때 일어난다.

사랑받는 느낌은 "생각을 행동으로 옮기는 것" 이상의 경험이다. 그것은 얼굴을 마주하고서, 한 순간에서 다른 순간으로 옮겨가면서, 당신과 타인 사이에서 일어난다. 당신이 보고 듣고 움직이고 타인에게 반응하는 방식은 당신이 어떻게 느끼고 있는지-그들에 대해서 어떻게 느끼고 있는지-에 대해 더 많은 것을 말한다. 아래의 보니(Bonnie) 이야기는 다른 사람들에게 사랑받는 느낌을 주기 위해 비언어적 단서를 사용한 사례이다.

학생들이 사랑받고 있음을 느끼게 만든 선생님

보니(Bonnie)는 18세에 카톨릭 재단의 교사로 취업하여 곧 바로 도시 빈민지역 학교의 45명 규모의 1학년 학급을 배정받았다. 별다른 안내도 받지 못한 채 그녀는 학생들의 읽기와 쓰기를 맡게 되었다. 보니는 긴장했다. 하지만 자기자신도 놀랄 정도로–수녀원장 역시 놀라워했다–그녀는 그 학급에서의 매 순간들을 사랑하는 특출난 선생님이 되었다. 보니는 곧 다른 교사들의 부러움을 샀다. 그녀는 어떻게 좀이 쑤셔 꼼지락거리는 어린 학생 45명을 가만히 앉아 집중하여 공부할 수 있도록 만들었을까? 어떻게 그토록 젊고 경험없는 교사가 1학년 반 아이들 전체를 통제하고 그들의 마음을 사로잡을 수 있었을까?

보니는 아이의 질문이나 요구에 응해 줄 때마다 진심어린 관심과 경탄을 표했다. 또한 비판하지도 판단하지도 비난하지도 않았다. 보니는 모든 아이들이 경건하고 온전한 관심을 받을 자격이 있다고 느꼈다. 곧 학급 모든 아이들은 선생님의 몰입된 관심을 받기 원했고, 하루동안 모든 학생들이 선생님의 그러한 관심을 받았다.

또한 보니는 조용히 말했고 결코 목소리를 높이지 않았다: 대신 그녀의 말은 감정이 담겨 풍부하게 표현되었다. 때때로 교실 뒷자리에 앉은 아이들은 그녀의 목소리를 듣기 위해 더 열심히 공부했다. 하지만 그 노력은 항상 가치가 있었다. 학급이 소란스러워지거나 다루기 힘들어지는 일은 거의 일어나지 않았다. 만일 그런 일이 일어나면 그녀는 조용히 두 손으로 턱을 괴고 머리를 살짝 옆으로 기울이면서 아이들의 말을 관심있게 듣고 있다는 인상을 주었다. 말하는 아이들, 말썽피우는 아이들 모두 금세 선생님이 자신들이 말하는 모든 것을 듣고 있다는 것을 이해하고 차분해 졌다. 보니의 학생들은 인정과 이해의 느낌을 경험했다. 즉 그들은 사랑받는다는 느낌 덕분에 열심히 공부하는 학생들이 되었다.

젊었을 때 나는 심리학자 칼 로저스(Carl Rogers)와 엘리자베스 퀴블로-로스(Elisabeth Kübler-Ross)를 만났다. 그 분들은 명성있는 치료사들로, 보니가 학생들에게 했던 것과 같은 영향을 내게 주신 분들이었다. 칼과 엘리자베스는 만나는 모든 사람들을 주의깊은 관심과 정서적 강렬함을 가지고 천천히 바라보았다. 그들이 만난 사람들은 편안함을 느꼈고 인정받고 있다고 느꼈다. 그것은 마치 그들이 내 안을 들여다보고 있을 뿐 아니라 그들이 발견한 것을 좋아하는 것처럼 보이기도 했다. 칼과 이야기하면서 마치 나는-나는 키가 크고 힘이 세고 활달한 젊은 여성이었다-이 노쇠하고 작은 남자의 무릎 사이로 기어 들어 가는 것처럼 느꼈고 그의 어깨에 내 머리를 기대는 것처럼 느꼈다. 물론 나는 그렇게 하지 않았지만, 그만큼 그는 내게 안전함을 주었다. 그의 존재는 매우 위로가 되었고 사랑받고 있다고 느끼게 했다.

우리가 사랑받고 있다고 느끼지 못한다면,
남들이 그렇게 느끼도록 만드는 것은 어려운 일이다.

이전 사례에서 보니는 사람이 사랑을 느끼게 만드는 것이 쉽다는 것을 발견했다. 그녀가 접촉했던 모든 사람들은 자신에 대한 특별함과 중요함을 느꼈다. 보니와 같은 사람은 사랑을 경험한 적이 있고 어떻게 전달하는지를 알고 있는 운이 좋은 사람이다. 그러나 모든 사람들에게 이런 행운이 있는 것은 아니다. 많은 남녀들이 사랑받는 느낌이 무엇인지 모른다. 그 때문에 다른 사람들이 사랑을 느끼게 만드는 데 큰 어려움을 겪는다. 마샤(Marsha)의 경우도 그러하다.

사랑하는 사람들에게
사랑을 느끼게 하는 방법을 몰랐던 여인

마샤(Marsha)는 자기중심적인 어머니 때문에 사랑받지 못한다고 느끼면서 우울함 속에서 자랐다. 그녀는 자라면서 결심을 했는데, 그 결심은 자신의 자녀들은 절대로 똑같은 경험을 갖지 않게 키우리라는 것이었다: 아이들이 사랑을 느낄 수 있도록 아이들이 필요로 하는 모든 것을 채워 주리라.

20대에 마샤는 남편과 사랑에 빠져 결혼했다. 새 식구가 생기자, 그녀는 아이들이 확실히 사랑받고 있다고 느낄 수 있도록 자신이 생각할 수 있는 모든 것을 다 했다. 자연분만으로 아이들을 낳았고 모유수유로 키웠으며 즐거운 가족 휴가를 계획했고 건강하고 행복하고 똑똑한 아이들을 키우는 최고의 방법이 담긴 양육서를 끊임없이 읽었다. 그러나 마샤는 사랑받지 못한 어린 시절 경험 때문에 우울하게 지냈기 때문에 그녀 자신과 아이들의 감정에 대해서는 잘 인식하지 못했다. 그녀는 아이들에 대해 상당히 많이 생각했다. 하지만 그녀는 아이들이 깊이 사랑받고 있음에도 불구하고 안정감있게 사랑을 느끼지 못하고 자신감이 부족하며 또래들 사이에서 불안해 하고 있다는 위험 신호를 놓치고 말았다.

마샤는 아이들의 행동을 "10대들의 불안"으로 묘사했다. 그녀의 아들은 초조해 했고 친구가 없었으며 비디오 게임에 병적으로 몰입했다. 그녀의 작은 딸은 무용을 했는데, 많은 친구들이 있었고 그 친구들에 대한 이야기를 쉴새 없이 하곤 했다. 하지만 좀 더 크고 나서 그녀의 딸은 말수가 줄었고 매일 저녁 자기 방문을 잠근 채 홀로 지냈다. 아이들 누구도 마샤에게 자신이 어떻게 느끼고 있는지를 말하려 하지 않았다. 마샤는 자신의 느낌에 집중하거나 이해하기 어려웠기 때문에 이 모든 것이 정상으로 보였다.

많은 세월이 지났고 마샤의 아들은 부적절한 곳에서 사랑을 찾았으며, 자기 문제가 많았던 두 명의 여인과 차례로 결혼했다가 곧 이혼했다. 그는 분노 문제로 버둥거렸고 가까운 친구가 거의 없었다. 마샤의 딸은 무용을 그만두고 살이 많이 쪘으며 만성 우울에 시달렸고 가족과 거의 연락하지 않았다. 어느 날 밤 TV 앞에 홀로 앉은 마샤는 마침내, 자신의 오래된 결심에도 불구하고, 자녀들이 사랑과 안정감을 느끼지 못하고 자랐다는 것을 깨달았다.

만일 우리가 사랑하는 사람들에게 사랑을 느끼게 하려고 아무리 열심히 노력할지라도 우리 자신과 정서적 연결감을 느끼지 못한다면, 우리는 그 누구와도 정서적으로 연결될 수 없을 것이다. 이러한 정서적 연결감이 있어야만, 우리는 비언어적으로 소통할 수 있고 우리 삶에 많은 즐거움과 힘을 가져다주는 호르몬 자원을 꺼낼 수 있다. 자신의 감정과 연결되고 사랑받는 느낌을 경험하는 데 있어, 너무 늦은 때란 없다는 것을 명심하라.

사랑받고 있다고 느끼기 시작하는 데 있어, 너무 늦은 때는 없다.

나이 들어도 사랑받고 있다고 느낄 수 있다. 나이 들어도 사랑에 빠질 수 있다. 특수한 건강 상태가 아니라면 옥시토신은 사랑하고 사랑받는 느낌의 생생한 기억에 의해 촉발될 수 있다. 또한 우리가 사랑받고 있다고 느끼게 만들어 주는 사람들과 함께 있을 때 촉발될 수 있다. 사라(Sarah)와 샘(Sam)의 이야기를 들려주고자 한다.

사랑에 빠지는 데 오랜 시간이 필요했던 연인

사라(Sarah)와 **샘(Sam)**이 만나 사랑에 빠졌을 때 그들은 70대 중반의 나이였다. 각자 자식들과 손자녀들이 있었고, 이미 세상을 떠난 배우자와 오랜 결혼생활을 한 경험이 있었다. 그들의 배우자들은 그들을 잘 돌봐주었던 좋은 사람들이었지만, 배우자와의 관계에서 그들은 사랑받는다고 느끼지도 정열적인 관계를 가져보지도 못했다. 서로를 만난 이후, 그들은 생전 처음으로 서로 마주보고 서로의 말을 귀 기울여 듣고 서로가 느끼는 것을 보살피고 이해하며 성관계를 맺으면서 감정을 느끼는 관계를 경험하였다. 두 사람이 결혼하려 했을 때 자녀들은 충격을 받았다. 하지만 사라와 샘의 결심은 확고했다. 그들은-그들이 살아있는 한-기능한 많은 시간을 함께 보내기로 결심했고, 반대에도 불구하고 결혼을 감행했다. 결국 사라와 샘의 가족들은 그들의 만남에 감사하게 되었다. 왜냐하면 두 사람은 자식들이 걱정할 필요없이 매우 건강하고 바쁘고 행복하게 살았기 때문이다.

우리는 사랑하고 사랑받고 있다고 느끼기 위해 새로운 기술을 배울 수 있다.

나이와 상관없이, 우리는 사랑받고 있다고 느끼고 다른 사람들이 사랑받고 있다고 느끼게 할 수 있는 도구를 다루고 기술을 배울 수 있다.

우리가 아는 바로는, 우리는 단순히 정서적 연결감을 생산할 수 있는 능력을 가지고 태어나는 것은 아니다. 정서적 연결감은, 만일 운이 좋다면, 생애 초기에 배울 수 있는 기술세트이다. 하지만 이 기술세트를 유아기에 반드시 획득할 필요는 없다; 더 늦은 나이에도 이 기술을 배울 수 있다. 당신이 지금 사랑받고 있음을 느끼지 못할지라도-또는 사랑받고 있다는 느낌을 한 번도 가져 본 적이 없을지라도-당신은 안정감을 느끼는 기술을 배울 수 있다. 이 기술은 당신 자신, 타인들과 깊이 정서적으로 연결되고 옥시토신이 분비되며, 스트레스를 극복하는 데 필요한 사랑받는 느낌을 경험하고, 힘든 일도 잘 해내고 행복을 찾을 수 있게 도와줄 것이다.

2장

정서적 연결감으로 스트레스 이겨내기

놀랍게도, 감정은 자신에 대해 알고 가치있게 생각하는 가장 중요한 많은 것들을 만들어 낸다: 우리의 동기, 행동, 판단, 성격, 공감, 사랑은 우리가 생각한 것보다는 우리가 느낀 것에 의해 전적으로 형성된다. 데카르트(Descartes)는 말했다. "나는 생각한다. 고로 나는 존재한다." 하지만 "*나는 느낀다. 고로 나는 존재한다.*"가 진실에 더 가까운 말이다.

우리는 태어나면서부터 비언어적 방식으로 신체적, 정서적 느낌을 표현하는 세상을 살아가기 시작한다. 이와 같은 방식은 죽을 때까지 친밀한 의사소통을 위한 장을 마련해 준다. 우리의 최초 대화는 무언의, 정서적인 단서에 근거한 것이다. 우리는 배가 고프면, 우리를 돌보고 음식을 제공해 주는 사람을 긴장한 듯 바라본다. 소통이 이루어져서 정서적으로 안심이 되면, 비록 음식이 주어지기 전일지라도 안전감을 느끼고 만족하고 연결감을 느끼면서 편안해 한다.

사랑받고 있다고 느낄 때, 이러한 안전감과 친밀감은 평생토록 성장하고 깊어진다. 누군가와의 관계에서 사랑받고 있다고 느끼는 성인은 옆에 있는 파트너의 편안한 향기만 맡아도 즉시 안전감을 느끼고, 악몽을 꾸어 겁에 질려 깨어나도 평온하게 다시 잠자리에 들 수 있다. 마찬가지로 끔찍한 뉴스를 듣고 통제불능의 상태에 빠질 것 같은 느낌이 들더라도, 친숙한 목소리, 배려하는 눈빛, 안심시키는 포옹은 우리의 불안을 덜어주고 스트레스를 떨치게 도와준다.

우리가 사랑받고 있다고 느끼도록 하는 안전감은, 감정꾸러미(package of feelings)처럼 한꺼번에 밀려든다는 사실을 인식하는 것이 중요하다.—만일 우리가 즐기지 않는 감정을 기꺼이 가질 수 없다면 우리가 경험하고 싶은 감정도 가질 수 없다. 이것이 매 순간마다 우리의 느낌과 연결을 유지해야 하는 이유다. 우리의 선호에 따라 어떤 감정을 느낄지 선택하는 것이 아니라는 말이다. 우리의 감정은—불쾌한 감정을 포함하여—물 속으로 가라앉지 않고 떠 있게 주는 연결 밧줄이다. 래리(Larry)의 사례처럼, 우리가 감정과 연결되지 못할 때 우리는 자신과의 연결을 잃을 뿐 아니라 사랑하는 사람들과의 연결도 잃게 된다.

자신의 감정과 관계를 이었다 끊었다 반복하는 사람

래리(Larry)에게는 친구들과 추종자들이 많았는데 그럴만한 이유가 있었다. 그는 따뜻했고 재밌고 친절했고 배려를 잘 했다. 또한 그는 직장과 가정에서 어떤 문제가 생길 때마다 자주 탁월한 결정을 내릴 만큼 똑똑했다. 하지만 항상 그렇지는 못했다. 래리의 스트레스가 정상 범위 안에 있었을 때는 최상의 기량을 발휘했다. 하지만 스트레스에 압도되고 위협감을 느낄 때, 그의 판단력은 손상되었고 바보같고 부적절한 결정을 내렸다. 그는 배를 움켜쥐고 숨을 참고 이를 악물면서 이러한 위협감을 진정시키려고 노력했다. 그는 쿵쿵거리며 방 밖으로 나가면서 문을 쾅 닫았다. 그의 얼굴은 상기되었고 소리를 질렀고 성을 내며 맹렬히 비난했다. 그의 행동을 본 아이들은 겁에 질렸고 부인과 동료들은 충격을 받았고 혼란스러웠으며 상처를 받았다. 이후에 통제감을 되찾은 그는 자신의 행동을 매우 후회하였다.

래리가 잘 안식하지는 못했지만, 불편한 감정을 피하려고 애쓰면 애쓸수록 더 초조해지고 통제하기가 어려웠다. 스트레스가 많아지면 자동적인 생존 반응이 촉발되어 그의 행동선택 범위는 크게 제한되었으며 논리적으로 생각할 수 있는 능력은 정지해 버렸다. 래리는 통제를 잃는 것이 부끄러웠으며, 다시는 그렇게 하지 않겠다고 늘 자신과 타인에게 약속했다. 그러나 그의 후회와 선한 의도에도 불구하고 아무 것도 바뀌지 않았다. 오히려 그의 후회가 쌓일수록, 세련된 기능을 하는 지킬 박사가 무시무시하고 혼란스러운 하이드씨로 바뀌는 상황이 점점 더 많이 촉발되었다.

래리의 가족과 친구들은, 어떤 때는 잘 배려하고 어떤 때는 위협적인 그가 언제 어떻게 할지 몰라 항상 경계 상태에 있다. 래리가 사랑하는 사람들은 그의 옆에서는 충분히 쉬지도 못하고 안전감을 느끼지도 못한다. 그는 가족들을 사랑하고 직장 동료들을 아낀다. 하지만 그의 행동 때문에, 그들은 사랑받고 있다고 느끼지 못하고 돌봄을 받고 있다고 느끼지도 못한다. 대신, 그들은 래리가 기분이 좋을 때조차도 불안감을 느낀다. 그래서 래리가 사랑하는 사람들은 사랑받고 있다고 느끼지 못한다. 그 뿐 아니라 그의 반응은 사랑받고 있음을 느끼는 자신의 능력에 지장을 준다. 만일 래리가 그가 피하려고 애쓰는 감정과 연결될 수 있다면, 훨씬 더 많은 자기 통제와 더 많은 사랑을 느끼고 줄 수 있는 능력을 발견할 수 있을 것이다.

감정은 여러 가지 것들이 섞여져 있는 자루와 같다.

모든 감정은 목적을 가지고 있다. 분노, 슬픔, 두려움과 같은 핵심 감정은—비록 우리가 그 감정들을 환영하지는 않지만—건강과 웰빙을 지키는 선택에 집중하도록 우리의 뇌에 정보를 제공한다. 분노는 많은 에너지를 발생시킨다. 그리고 생명이 위협당하는 상황에서 행동을 취하도록 하고, 종종 결단력과 창의성을 고무시킨다. 슬픔은 상실로부터 배우고 치유되고 회복되도록, 우리의 속도를 늦추고 마음을 터놓게 하고 신뢰하게 하고 스스로를 취약해지도록 놔둔다. 두려움은 위험을 예견하고, 자동적인 생명구조 반응을 촉발시켜 피해로부터 우리를 보호한다.

모든 감정은 우리의 안전과 관련된다. 하지만 우리가 감정에 둔감하거나 감정을 제한하거나 싫어하는 감정을 피한다면, 감정의 목적을 방해하는 일을 하는 셈이다. 어떤 감정이든 약화시키면, *모든* 감정의 강도가 약화된다—우리가 경험하기를 원하는 감정까지 포함해서.

가장 고통스러운 감정조차도 목적을 가진다.

우리가 싫어하는 감정들과 연관된 부정적 감정들은 대부분 그 감정들을 피하려 하는 헛되고 소진만 되는 시도들로부터 비롯된다. 다음 크리스틴(Christine)의 이야기에서 볼 수 있듯이 말이다.

자신의 고통을 느낌으로써 살아남은 여인

크리스틴(Christine)은 자신과 타인의 감정을 경험하는 섬세한 치료사였다. 하지만 여러 해 동안 노력한 끝에 임신했던 딸을 사산했을 때 느꼈던 상실감에 대해 그녀는 아무런 준비도 하지 못했다.

크리스틴의 슬픔은 분명했다; 하루 종일 겪는 깊고도 혹독한 상처였다. 그녀가 느꼈던 고통은 밤에 잠들기 전에 그녀가 마지막으로 기억하는 것이었고, 매일 아침에 깨어나자마자 그녀가 겪는 첫 번째 것이었다. 하지만 그 고통에도 불구하고 크리스틴은 매일 아침 일어나고, 운동하고 출근하는 일을 지키려고 했다. 또한 그녀는 사랑하는 남편과 육체적으로, 정서적으로 계속 연결되어 있었다. 크리스틴은 자신의 가슴 속에서 느꼈던 강력한 감정들을 무디게 하거나 밀쳐놓지 않았다. 그녀가 수개월 동안 함께 지니고 살았던 슬픔의 깊은 원천은 비통함이지 우울함은 아니라는 것을 알고 있었다. 하지만 그녀는 자꾸 머릿속에 떠오르는 "-하려고 했었는데/-했어야 했는데/-할 수도 있었는데"와 같은 생각을 하는 것을 거부했는데, 그 생각들이 자신의 에너지를 소진시키는 것을 알고 있었기 때문이었다. 크리스틴은 스스로에게 비통함은 이제 삶의 일부분이고 가슴 속에 있는 돌덩이 한 자루와 같은 무게라고 말했다.

또한 크리스틴은 놀라운 발견도 했다. 비록 대부분의 시간 동안 여전히 슬픔에 침잠해 있다고 느꼈지만, 그녀는 강렬한 즐거움의 순간도 자주 느끼곤 했다. 일출, 커피 끓이는 냄새, 토스트 위의 달콤한 버터 맛, 남편의 손길과 같은 단순한 것들이 그녀의 기분을 행복하게 만들었다. '비통함에 침잠해 있는데 어떻게 이런 기분 좋음을 느끼는 일이 가능하지?'라고 자문을 하기도 했다.

시간이 흐르면서 계속해서 자신이 느꼈던 것들을 경험하고 받아들임에 따라, 크리스틴의 고통스럽던 느낌들은 희미해졌고 그 대신 채워진 유쾌한 느낌들이 그녀의 삶에서 점점 더 많은 공간을 차지하게 되었다. 마침내 다시 임신하게 됐을 때, 그녀는 다시 태어난 것 같았고 다시 삶 속으로 뛰어들 준비가 되어 있다고 느꼈다.

역설적으로 보이겠지만 그녀는 가장 고통스러운 경험을 통해, 고통에서 벗어나 앞으로 나아갈 수 있었다. 자유롭게 감정을 경험할 때 감정은 흘러가듯 왔다가 간다. 온종일 우리는 순간적으로 강한 감정을 촉발시키는 어떤 것을 보거나 읽거나 듣는다. 그러나 우리가 감정에 초점을 맞추지 않는다면, 그것은 지속되지 않으며 곧 또 다른 감정이 그 자리를 채운다. 감정들의 균형을 유지하는 방법을 알고 느끼는 것에 강박적으로 몰두하지 않을 때, 우리는 주의를 통제하는 힘을 유지하고, 가장 고통스럽고 버거운 감정조차 이길 수 있다.

우리가 불편하거나 압도적인 감정으로부터 멀어지면, 힘들고 도전적인 시간을 버티게 해 주는 달콤하고 아름다운 감정들도 자동적으로 끊어진다. 우리를 행복, 웃음, 즐거움으로 채워주는 감정들은 우리를 고통스런 도전들로부터 이겨내게 해 준다. 이렇게 희망을 주는 감정들은, 심지어 가장 힘든 시간 동안에도, 인생이 가치있음을 상기시켜 준다.

더 많이 느낄수록 더 많이 사랑받는다고 느낀다.

우리를 타인과 정서적으로 연결시키는 의사소통은 반드시 긍정적 감정에만 초점을 맞출 필요가 없다. 슬퍼하고 있을 때 위로를 받거나 슬퍼하는 누군가를 위로할 때, 슬퍼하는 사람은 사랑받고 있다고 느낀다. 우리가 사랑하는 사람의 두려움과 분노에 공감하거나 그들이 우리의 고통에 공감을 표할 때, 사랑의 감정이 생성된다.

우리는 좋아하는 사람들을 위해 많은 것을 할 수 있다. 그러나 우리의 노력이 보살피고자 하는 관심사를 표현하는 무언의 정서적 신호를 수반하지 않는다면, 우리의 사랑은 거의 영향을 미치지 못한다. 타인을 공감하기 위해, 타인의 감정을 좋아할 필요도, 심지어 동의할 필요도 없다. 하지만 사람들이 사랑받고 있다고 느끼고 자기 안의 최선을 이끌어 내는 데 있어, 정서적 의사소통 과정이 안전하고 수용적인 환경을 만들어 낼 것이라는 것은 확신한다.

사실상 감정은 여러 가지 것들이 섞여져 있는 자루와 같다. 그렇기 때문에 우리는 이떤 때는 정말 좋게 느껴지고 어떤 때는 정말 나쁘게 느껴진다. 더욱이 감정적 경험을 제한하려는 모든 노력은 잘못되었다. 왜냐하면 우리 자신의 통제력을 상실시키는 것은 감정이 아니라 스트레스이기 때문이다.

감정과 스트레스는 별개이다.

우리는 대체로 감정이 부적절한 행동을 일으킨다고 믿기 때문에, 감정을 두려워하고 믿지 않는다. 하지만 우리가 두려워하는 불안한 행동은, 스트레스 조절 능력이 없고 감정을 피하는 데만 에너지를 쓰기 때문에 일어난다. 위협을 느끼고 스트레스를 완화시킬 수 없을 때, 우리의 몸은 싸우고 도망치고 얼어붙는 본능적 반응들만을 촉발시킨다. 다른 반응은 거의 없다. 우리가 두려워하는 행동의 원인은 본능적 반응이지, 우리의 감정이 아니다.

균형을 잃는 것이 문제다.

압도적 스트레스로부터 촉발된 분노는 감정이라기보다는 반사작용이다. 인간의 감정은 복잡하고 변화하며 한 순간에서 다른 순간으로 흘러간다. 용감한 사람도 다른 사람만큼 두려움을 느낄 수 있다. 하지만 그는 빠른 속도로-돌봄과 사랑을 포함한-여러 감정들을 연속적으로 경험할 수 있다. 그 감정들이 그를 용감하게 만든다. 또한 인간의 감정은 여러 느낌들이 동시에 나타난다. 예를 들어, 당신이 통금 시간 한 시간을 넘긴 십대 자녀를 기다리고 있다고 하자. 그런 상황에서 분노, 두려움, 사랑의 혼합된 감정을 경험하는 것은 흔한 일이다. 아이가 전화를 안 해서 화가 날 것이고 아이에게 무슨 일이 일어나지 않았나 하여 두려울 것이고, 결국 집에 무사히 돌아온 아이를 맞이하면 안심되고 행복할 것이다. 인간의 감정은 본능적 반응보다 훨씬 더 미묘하고 복잡하다.

감정적 제어가 어려워 보이는 사람들에게서 이러한 영향을 볼 수 있다. 하지만 우리가 볼 수 없는 것은 그 행동을 유발시킨 그 사람의 내면에서 일어나고 있는 빠른 변화이다. 스트레스를 진정시키고 감정에 직면하는 시간을 가질 때, 명료하게 생각할 수 있고 적절하게 행동할 수 있다. 다음의 올리버(Oliver)와 바비(Bobby) 이야기처럼 말이다.

화가 났지만 침착함을 유지했던 남자

아들이 전화를 걸어 자동차를 사주지 않으면 대학을 계속 다니지는 않겠다고 말했을 때, **올리버(Oliver)**는 상처를 받았고 화가 났다. 그는 아들을 대학에 보내기 위해 저축하면서 열심히 일을 해 왔는데, 이렇게 아들에게 협박을 받게 되니 분통이 터졌다. 다양한 감정들을 편안하게 받아들이는 가정에서 성장했기 때문에, 올리버는 화내는 것이 두렵지는 않았다. 하지만 올리버는 버럭 화를 내고 아들과 대치하는 것보다, 냉정함을 유지했고 아들이 직접 돈을 벌기 위해 일을 한다면 돈에 대해 좀더 감사함을 느낄 것이라는 점을 깨달았다. 올리버는 차분하고 유쾌한 목소리로 "어서 대학을 그만 두렴. 그게 나에게는 좋은 일이다."라고 말했다. 올리버의 반응은 아들의 협박을 시들하게 만들어 버렸으며, 아들은 누그러졌고, 곧 용서를 빌었다.

두려워지는 것을 무서워하지 않았던 여자

여든을 바라보는 노쇠한 **바비(Bobby)**는 25년 전에 보형수술을 받았던 팔꿈치가 완전히 악화되었다는 나쁜 소식을 접했을 때, 겁에 질렸다. 그리고 그녀 나이의 환자에게 두 번째 보형물을 기꺼이 삽입해 줄 의사를 찾을 수 없었을 때, 두려움은 더욱 커졌다. 하지만 그녀는 당황하지 않았다. 어떻게 해야 할지 몰랐지만, 참을성 있게 기다리며 그녀를 위로해 주고 지지해 주는 절친한 친구들과 시간을 보내면서 두려움을 잠재웠다. 일주일도 안 되어 수술을 거절했던 의사들 중의 한 명이 전화를 해 왔고 기꺼이 그 수술을 하려고 하는 인근 마을의 평판 좋은 의사의 이름을 알려주었다. 그녀는 사랑하는 사람들의 지지로 둘러싸여 있었기 때문에 편안하게 수술을 받으러 들어갔고, 다시 팔을 사용할 수 있게 되었다.

우리는 올리버와 바비의 사례를 살펴보았다. 정확한 표현인지 모르겠지만, 우리는 그들의 온화하고 침착한 태도를 볼 수 있었다. 각자가 어떻게 반응하는가는 타고난 성질에 기인하는 것이 아니라 분노와 스트레스를 관리하는 능력에 달려 있다.

스트레스 없는 감정은 임파워링(empowering) 자원이다.

오늘날 우리는, 50년 전과는 매우 다르게 감정을 보고 있다. 지금 우리는 자기인식, 연민, 지각능력의 측면에서 뇌의 정서적 영역을 가치롭게 보고 있다. 감정은 우리의 결정, 행위, 성격을 다스린다. 뇌의 사고 부분을 잃어도 우리의 정체성을 유지할 수 있으나, 뇌의 감정 부분을 잃으면 정체성을 유지할 수 없다.

정서적인 느낌과 신체적인 느낌 간은 연결되어 있다.

크리스틴은 갓 태어난 아이를 잃고도 고통스런 감정을 피하지 않고 경험하면서 대처해 나갔다. 그녀가 겪었던 강렬한 육체적, 정서적 고통은 감정이 육체적 느낌과 밀접한 관련이 있음을 증명한다. 감정은 우리 몸의 신체감각과 긴밀하게 연결되어 있다. 당신이 어떤 감정을 경험할 때 아마 당신의 몸 어딘가에서도 그것을 느낄 것이다. 가슴이 답답하다든지 속이 뒤틀리다든지 하는 식으로 말이다. 몸 전체의 신체감각에 주의를 기울임으로써, 당신은 당신의 감정을 인식할 수 있다. 더 나아가 압박감을 견디면서 당신의 감정을 이해한다면, 당신은 더 현명한 결정을 할 수 있다. 다음의 이야기가 보여주는 것처럼 말이다.

아내의 목숨을 구하기 위해 자신의 육감을 끌어들였던 남자

션(Sean)과 **앤지(Angie)**부부는 앤지가 희귀한 뇌종양 진단을 받았을 때 가슴이 찢어지는 고통을 느꼈다. 그들의 의사는 유수한 병원의 권위있는 신경외과 팀 멤버인 자신의 동료를 만나 볼 것을 추천했다.

그 전문가와의 첫 만남을 준비하고 있을 때, 션은 앤지가 멍한 상태임을 알 수 있었다. 그들은 겁이 났다. 하지만 션은 자신의 가슴과 배에서 느꼈던 공포가 정밀하게 초점을 맞추는 데 실질적인 도움이 되리라는 것을 알고 있었다. 만약 더 희박한 가능성을 생각하는 일에 에너지를 허비하지 않는다면 말이다. 그는 자신이 가진 최고의 의사 결정 능력을 갖추고 이 만남에 응하리라 결심했다. 그는 주의깊게 경청하면서 자신의 몸속을 관통하는 느낌들에도 촉각을 곤두세웠다.

그 의사는 앤지의 종양과 같은 것은 본 적이 없다고 말하면서도, 자기 확신과 자신감을 보였다. 그는 종양이 악성이라고 생각하지는 않았지만, 조직검사를 해볼 때까지는 확신할 수 없다고 말했다. 그 의사가 확신하는 유일한 것은 자신이 그 종양을 제거할 수 있다는 것이었다. 의사가 말하는 방식의 무언가가 션의 목과 어깨에 긴장을 만들었고 그는 당장 일어나 진료실 밖으로 나가고 싶어졌다. 왜 그랬는지 정확히 알지는 못했지만, 션은 뭔가 잘못됐다고 그냥 느껴졌다. 그리고는 의문이 뇌리를 스쳤다: 어떻게 이 의사는 자신이 찾아내야 할 것이 무엇인지 확신도 못한다면서, 자기가 무슨 일을 해야 하는지를 그토록 확신할 수 있는 거지?

션은 앤지 쪽으로 몸을 돌려서 "난 당신이 어떻게 해야 할지 결정하기 전에 최소한 다른 의사에게서 다른 의견을 한 번 더 들어보길 바래."라고 말했다. 그날 저녁, 션은 앤지가 지닌 유형의 종양수술 경험이 있는 뇌 전문의를 찾아보는 데 많은 시간을 보냈다.

두 번째 의사와의 만남은 완전히 다른 경험이었다. 그 의사는 더 많은 질의를 했고 매우 주의깊게 션과 앤지의 답변에 귀를 기울였다. 그는 자기가 앤지의 종양과 같은 것들을 본 적도 있고 성공적으로 수술해 본 적도 있지만, 결정을 하기 전에 좀 더 검사를 해볼 필요가 있다고 말했다. 검사 결과 그 종양은 양성이기 때문에 제거하기보다는 그대로 두고 추이를 지켜보기로 결정했다. 그 선택은 좋은 선택이었다; 10년 동안, 앤지는 안정적인 상태로 지냈다.

우리 뇌의 직관영역은 신체감각을 통해 우리와 소통한다. 그러나 우리가 변화무쌍한 정서적 경험에 주의를 기울이지 못한다면, 이 중요한 정보를 놓치기 쉽다. 스트레스를 받고 있을 때, 우리는 우리 몸 곳곳에서 신체적, 감정적으로 느껴지는 것들 간의 연결성을 잃어버리기 쉽다. 특히 느낌을 피하고자 애쓰느라 스트레스가 가중될 때, 더욱 그러하다.

우리의 정서적 경험을 신뢰하는 데 장애가 되는 것들

우리는 우리의 감정에 대해서 생각하거나 논의하는 것을 자주 피한다. 많은 사람들이 자신을 더 잘 이해하고, 더 좋은 관계를 맺고 싶어한다. 하지만 누군가가 감정을 논의거리로 끌어오는 순간 대화는 갑작스럽게 끝나 버린다; 우리는 방어적으로 변하고 너무 빨리 웃어버리거나 부적절한 농담을 한다. 하지만 아무도 지켜보고 있지 않다면-예를 들어 영화관의 어둠 속이나 스포츠 경기장의 관람석에 있다면-즐거움, 슬픔, 분노와 같은 감정들을 흘려보내는 데 훨씬 더 편안함을 느낄 것이다. 불행히도 이러한 감정들 간의 연결성은 대체로 순식간에 일어난다. 세상의 이목에 신경쓰는 동안, 우리는 그러한 감정들을 억압하여 그 감정들과의 접촉을 잃어버리고 만다. 진정 슬픈 현실은 많은 사람들이 감정을 믿지 않는다는 것이다.

역사와 기억은 감정의 불신에 기여한다.

우리가 감정에 대해 불편감과 불확신을 느끼는 데는 역사적이고 경험적인 이유가 있다. 200년 이상 동안 종교, 사회, 문화 분야의 사료들은 감정을 지성의 열등한 의붓아들로 치부했다. 감정은 우리의 세련되지 못한 동물적 본성을 반영하는 것으로 간주되었다. 반면 사고는 우리를 합리적이고 인간답게 만들어 주는 것으로 인정받았다. 사람들이 나쁜 행동을 할 때, 악마의 도움을 받은 그들의 감정이 원인이라고 보았다. 논리는 더욱 숭고한 인간의 미덕으로 인정받는 반면, 자신에게서 싫어하는 모든 것은 감정 탓으로 돌렸다.

또한 과학은 뇌의 감정적 영역에 거의 주의를 기울이지 않았다. 1990년대가 되어서야, 방대한 양의 연구을 통해 뇌와 감정의 역할에 대한 많은 지식들이 증명되었다. 불행히도 수천 년 동안 유지되었던 신념들은 빨리, 쉽게 수정되지 않는다.

감정에 대한 부정확한 신념들뿐 아니라, 많은 사람들은 감정을 두렵게 느끼게끔 하는 트라우마 기억을 가지고 있다. 이러한 트라우마 기억은 특히 취약함을 잘 느끼는 생애 초기에 종종 발생한다. 우리는 지진이나 부모의 감정폭발에 두려움을 느꼈을 수 있다. 가족의 죽음이나 학교에서 왕따를 겪었을 수도 있다. 많은 이유로 인생이 혼란스럽고 안전하지 못함을 느꼈을 수 있다. 만일 위로해 주고 진정시켜 주는 누군가가 곁에 없었다면, 그리고 어떻게 스스로를 위로해야 하는지 몰랐다면, 감정은 상처 주고 해로운 것이라고 느꼈을 것이다. 자라면서 우리는 감정을 경험하는 것이 너무나 고통스러운 일이며, 슬픔, 분노, 두려움과 같은 감정들에 동조하는 것은 잘못되거나 건강하지 않다는 믿음을 가졌을 수 있다. 즐거운 감정만이 도움이 된다고 오해하고 있을지도 모르겠다. 그리고 이러한 잘못된 신념에 기초해 사랑받음을 느끼고자 진실되지 못한-하지만 결국 사랑받지 못하는-관계를 맺으려 애쓰고 있을지도 모르겠다.

유아기 경험은 정서적 연결 능력을 형성시킨다.

사랑받는 느낌의 최초 경험은 주 양육자와 정서적으로 유대관계를 맺는 유아기에 일어난다. 이 첫 번째 사랑에 빠지는 경험은 남은 생애동안 우리의 친밀한 애정관계를 형성한다. 또한 이 개념은 비교적 새로운 것이다. 이러한 정서적 과정에 대한 인식은, 유아의 뇌가 주 양육자와의 정서적 관계와 연결되어 응집된다는 사실에 대한 주목할 만한 과학적 발견들로부터 시작되었다. "정서발달의 신경생리학(The Neurobiology of Emotional Development)"에서 알렌 쇼어 박사(Dr. Allan N. Schore)는 인간의 정신적, 정서적, 사회적, 신체적 발달의 핵심으로서 정서적 연결성을 지목하는 수많은 연구들을 인용하고 있다.

유아의 주 양육자와의 정서적 경험이 안정감과 안전감을 만들어 낼 때, 이 관계는 안전한 것으로 특징지을 수 있다. 그러나 모든 관계가 안전한 것은 아니다. 건강이나 다른 환경적인 조건과 관련된 다양한 이유들 때문에, 주 양육자는 편안함 대신 불안정과 두려움을 불어넣어 줄 수 있다. 이것이 사실일 때-자주 그러하다-사랑관계의 근본은 불안전해진다. 좋은 감정들조차도 익숙하지 않을 경우, 제나(Jena)와 브래드(Brad)의 이야기가 보여주듯이, 위협적일 수 있다.

유아기때 시작한 패턴을 따라 사랑했던 커플

제나(Jena)와 **브래드(Brad)**가 결별했을 때, 자신이 똑똑하고 통찰력이 있다고 생각했던 제나는 왜 낌새를 채지 못했는지 스스로에게 자문했다. 그녀가 가만히 앉아 브래드와의 관계를 진지하게 반추해 보고 나서야 단서들이 *있었음을* 깨닫게 되었다. 관계가 종말로 흘러가면서, 그녀와 브래드는 눈도 잘 마주치지 않았고 영화나 연극에서 감정을 자극하는 장면이 나와도 그는 그녀의 몸을 잘 만져주지도 않았으며, 작별인사를 오래 끌지도 않았고 자신들의 미래계획을 이야기하는 것도 멈춰버렸다. 제나는 이 모든 일들을 계속해 왔었지만, 브래드는 뒤로 빼곤 했었다. 왜 그녀는 무언가 말하지 않았던가, 그리고 왜 그도 말하지 않았던가?

브래드의 엄마는 그가 아기였을 때 그를 사랑하고 보살폈지만, 너무 바쁘고 우울하고 정신이 딴 데 팔려서 그와 정서적으로 교감할 수가 없었다. 다른 아이들처럼 브래드도 엄마에게 비언어적인 정서적 메시지를 전달하려고 노력했지만, 엄마가 그 메시지들을 무시하자 결국 포기하고 말았다. 그는 정서적으로 소통하려는 노력을 멈췄다. 호흡을 참고 몸을 꼭 누르고 자신의 주의를 전환함으로써 자신의 감정를 약하게 하거나 꺼 버리는 과정을 겪었다. 처음에는 제나를 향해 느껴졌던 감정들이 그를 흥분시켰고 기분을 좋게 했다. 하지만 이러한 낯선 감정들이 강렬해짐에 따라, 그는 위협받는다고 느낄 정도로 점차 불편해졌고 결국 관계를 끝내고 싶었다.

제나도 유아였을 때 매우 똑같은 경험을 했는데, 그녀는 다른 반응을 보였다. 브래드는 감정을 닫아버리고 단단하게 독립적인 자세로 적응했지만, 제나는 항상 정서적으로 굶주려 있다고 느꼈다. 그녀는 감정을 숨김없이 말하고 자신의 안전을 위협하는 고통스러운 정서적 진실들을 다루는 것은 피했다. 브래드가 멀어져 간다고 처음 느꼈을 때 제나가 그와 기꺼이 직면하고자 했더라면, 그들은 아마도 그 문제를 다룰 수도 있었을 것이다. 하지만 일단 그가 멀어지자 화해의 여지가 거의 없어졌다.

둘이 함께 있었을 때 얼마나 행복했는지 떠올릴 때마다 브래드는 제나를 그리워할 것이다. 하지만 자신의 감정들을 재연결하려는 노력을 하지 않는다면 그는 매번 자신의 행위를 반복할 가능성이 있다.

많은 사람들에게 이 이야기는 친숙하게 다가올 것이다. 우리는 완전히 그리고 전적으로 사랑에 빠진다. 그리고 우리에게는 우리의 감정이 공유된다고 믿을 만한 충분한 이유가 있다. 사랑하는 사람들은 우리가 그들을 사랑하는 만큼 우리를 사랑하는 것처럼 보인다. 그리고 그 때 경고도 없이 그 사랑은 별안간 끝나 버리고 만다. 그들은 우리가 생각했던 만큼 우리를 사랑하지 않으며 그 관계를 끝내고 싶어 한다. 이 일이 일어날 때, 우리는 무엇을 한 것이고 무엇을 하지 않았던 것일까?

좋은 경험도 압도적일 수 있다.

우리가 어떤 감정에 익숙하지 않을 때, 그 감정이 이상하거나 낯설 때, 우리는 자주 그 감정을 피하고 싶어한다-심지어 즐거운 감정이라도 말이다. 유대감의 호르몬, 옥시토신을 촉발시키는 감정들은 조절하기 어렵다고 느낄 만큼 강렬할 수 있다. 그리고 비록 조절하기 어려운 느낌이 매우 즐거운 것이라 할지라도, 강렬한 감정에 익숙하지 않은 사람들에게는 두렵게 느껴질 수도 있다.

불안하고 극도로 예민한 감정에 익숙한 사람들은 갑작스럽게 좋게 느껴지는 것도 위협적일 수 있다. 예를 들어, 체중이 많이 나가는 몸으로 다니는 데 익숙한 사람들은 살을 뺐을 때 자기 자신처럼 느껴지지 않고 매우 불편하게 느껴진다고 말한다. 이것은 우리가 익숙치 않은 감정들-싫어하는 감정은 물론 좋아하는 감정까지 포함하여-에 편안해지는 것을 배울 수 없다는 말이 아니다.

브래드는 그의 감정들과 다시 연결되기 위해 노력해야겠지만 성공할 수 있을 것이다. 유아기에 성공적인 정서적 소통을 경험하지 못했더라도, 우리는 여전히 이러한 기술들을 배울 수 있다. 하지만 우선, 우리는 통제되지 못한 감정이라고 지칭하는 대부분의 행동 이면에 있는 스트레스 반응을 인식하고 관리하는 방법을 배울 필요가 있다.

조절하지 못한 스트레스가 정서적 반응을 막을 수 있다.

조절하지 못한 스트레스는 정서적 인식을 멈추게 하는 생물학적 본능 반응을 촉발시켜, 우리의 정서적 반응을 제한시키고 후회스런 방식으로 행동하도록 만든다. 스트레스 반응은 동기를 불러일으키기 위해 분노와 두려운 감정을 동원한다. 그래서 우리의 행동이 감정 때문에 일어나는 것처럼 보인다. 사실상 그것은 감정이 날뛰어 일어난 반응이 아니라, 스트레스에 압도된 사람의 반사반응이다. 흘러가는 복잡한 인간의 감정과 본능적 스트레스 반응 간의 차이를 더 잘 이해하기 위해서, 스트레스의 본질에 대해 살펴보자.

때때로 스트레스는 좋은 것이다; 그것은 우리의 기운을 북돋워 주고 우리가 하고 있는 것에 관심에 유지시켜 준다. 스트레스가 문제가 되는 경우는 스트레스 수준의 균형이 깨졌을 때 뿐이다. 낮고 조절하지 못한 스트레스는 무기력감과 우울감을 만들어 낼 수 있다. 높고 조절하지 못한 스트레스는 분노, 멍함, 경직된 반응들을 유발시킬 수 있다. 안전감을 느낄 때, 우리는 침착하고 기민한 상태를 유지할 정도의 스트레스 량을 경험한다. 하지만 위협감을 느끼면 우리의 신경 시스템은 빠르게 몸 전체에 전면적인 변화를 만들어 낸다. 그 결과, 우리는 투쟁하고 도망가고 얼어붙게 하여 스스로를 보호한다. 우리가 두려움은 물론 무력감과 절망감을 느낄 때, 스트레스 반응은 우리를 꼼짝 못하게 하며 몇 주, 몇 달, 수년 동안 트라우마에 시달리게 할 수 있다.

트라우마 스트레스는 무망감과 무력감 속에 얼어붙은 감정이다.

인류가 진화해 온 수만 년 동안, 우리의 신경 시스템은 스트레스 극복을 가능케 하는 사랑관계와 협력하여 생존 욕구를 충족시켜 주었다. 신체적 위협보다는 정신적 위협으로 가득찬 현대 사회에서, 이러한 자기조절 시스템은 새로운 도전에 직면하고 있다.

우선, 우리 대다수는 실제로 얼마나 스트레스를 받고 있는지 깨닫지 못하고 있을 수 있다. 우리 삶에 영향을 미치는 만성 스트레스나, 많은 사람들이 중요시하는 생애 초기 트라우마 같은 것들이 결코 전부는 아니다. 트라우마는 그 이상으로 훨씬 더 흔하다. 우리가 어리고 무력했을 때, 학대, 방임과 상관없는 사건들에 의해서도 트라우마를 겪을 수 있다. 이러한 사건들은 실족, 스포츠 상해, 수술(특히 3세 이전에), 친한 사람의 돌연사, 교통사고, 중요한 관계의 이별, 모멸감을 느끼고 깊이 실망한 경험, 치명적 질병을 알게 된 경험 등을 포함한다. 트라우마 스트레스는 우리를 감정적 흐름으로부터 단절시키고 결국 사랑받고 있음을 느끼는 능력을 쓰지 못하게 한다.

감정은 스트레스가 균형잡혀 있을 때 보호적 목적을 수행한다.

당신이 스트레스의 균형을 유지하고 조절하는 것을 배우면, 감정이 당신을 압도하는 것을 방지할 수 있다. 신체적 느낌과의 연결을 유지함으로써, 너무 극단적인 스트레스를 인식하고 스트레스의 균형을 회복하는 것을 배울 수 있다. 일단 이것을 할 수 있게 되면, 당신은 과거에는 위협적으로 보였던 감정들과 편안하게 마주하고 현재 시점에서 그 감정들과 관계할 수 있을 것이다.

우리에게는 빠르게 스트레스를 완화시키고 언제든지 감정을 활용할 수 있고 지속적으로 집중할 수 있도록 도와주는 도구가 필요하다. 이 책의 3부에서 당신에게 그러한 도구들을 제공할 것이다. 그러나 우선, 이러한 도구들을 사용할 때 우리가 만날 수 있는 장애물들을 아는 것이 중요하다.

2부

우리가 필요한 사랑을 얻는 데 방해가 되는 장애물들

이 책의 2부는, 우리에게 필요한 사랑의 느낌을 주고받는 데 방해가 되는 보편적 관행들을 살펴본다.

오늘날 우리는 스스로를 항상 괴롭혀 왔던 복잡한 문제들을 단순하게 해결하는 방법들에 매료되어 있다: 기분이 좋아지기 위해, 친구들을 사귀기 위해, 스스로를 즐겁게 하기 위해 무엇을 할 수 있을까? 물론 우리는 이것을 필요로 하고 원한다. 그리고 이것을 얻기 위해 덜 복잡한 방법을 취하는 게 본질적으로 잘못된 일은 아니다. 그러나 문제들이 동일하고 단순하지 않다면, 예를 들어 심각하지 않은 우울증 치료를 위해 세로토닌 재흡수 억제제(SSRI)인 항우울제를 복용하거나 우정과 사랑을 얻고자 인터넷과 소셜미디어에 의존하는 등의 해결책은, 그 해결책 자체가 문제가 될 수 있다.

복잡하고 기술이 관여하는 세상 속에서 우리가 발달시켜 온 많은 정신적 습관과 관심은, 우리를 스스로의 한계 이상으로 나아가게 해 준다. 하지만 관심을 전달하고 안전감을 느끼게 하는 대면접촉의 욕구를 충족하지 못하기 때문에, 우리는 스트레스를 느낀다. 점점 더 빠른 해결책을 찾고 생활방식이 점점 더 빨라지며 점점 더 기술에 의존하게 됨에 따라, 우리의 행복감과 충만감은 점점 더 줄어든다. 안전감을 느끼고 스트레스를 이기고 행복감과 충만감을 경험하는 것이 우리의 욕구라면, 오히려 더 느리고 덜 단순한 해결책이 더 많은 것을 얻는 것일 수 있다.

3장

약물은 복잡한 문제에 대한 더 어려운 해결책일 수 있다.

1950년대, 정신건강 전문가들은 우울 및 기타 일반적인 정신건강 문제를 극복하는 방법으로 약물 사용에 초점을 맞추기 시작했다. 그리고 1987년에, 팡파르를 크게 울리며 프로작(Prozac)이 소개되었다. 프로작은 선택적 세로토닌 재흡수 억제제(SSRI)이다. 장기 치료보다 비용 효율적이고 쉽게 제공할 수 있는 항우울제로서 최초의 약물이었다: 또한 이 약은 신속하고 지속적으로 우울증을 완화시킨다고 알려져 있다. 20년 후, 전 세계 수백만 명의 사람들이-미국인 10명 중 한 명을 포함해-프로작이나 다른 SSRI제를 복용하고 있다.

오늘날, 우리는 일반적인 정신건강 문제를 극복하기에 항우울제 약물 복용만으로는 충분치 않다는 것을 알고 있다. 또한 이러한 약물들이 심각하게 우울한 사람들에게는 도움이 되는 반면, 보다 경미한 형태의 우울증에는 효과가 없거나 미미한 수준의 도움을 준다는 것을 알고 있다. 더욱이 이러한 약물들은 뇌의 감정회로를 둔화시키는 경향이 있기 때문에 약물을 복용하면 감정을 덜 느끼게 된다. 감정이 둔화되면 즐거움과 같은 고양된 감정을 경험하는 일은 더욱 어려워진다. 사랑받는 느낌을 위해 경험되어져야 하는 감동적이고 활기찬 신체적, 정서적 느낌을 인식하고 재연결하는 일이 더욱 어려워지는 것이다.

그 누구도 우울한 마음으로 살아서는 안 된다.

우울은 모든 사람들에게 똑같은 감정은 아니다. 우울은 많은 형태가 있지만, 어떤 공통점을 공유하고 있다–의미와 목적이 상실된 듯한 세상 속에서 분리, 마비, 소진, 무감동, 외로움의 경험. 우울이라는 어두운 세계 속에 있으면 생각은 흉기가 되는데, 그 흉기는 자신에게 불리하게 사용되고 자신이 사랑받을 자격이 없다는 것을 끊임없이 상기시켜 준다. 경미하거나 보통 수준의 훨씬 더 흔한 우울조차도 감정적, 신체적으로 상처를 주는 고통이다. 우울한 사람에게 있어, 분노는 일어나고 있는 일에 저항할 수 있는 유일한 방법이다. 그리고 때때로 분노는 치명적으로 변화하여, 자살이나 타살에 취약해질 수 있다. 우울의 치명적인 영향으로부터 벗어나고자 하는 정상적인 욕구를 가지고 있으면서도, 우리는 상황을 더 낫게 만드는 대신에 번번이 상황을 악화시키는 선택을 계속한다.

너무 좋아서 의심스러운

선택적 세로토닌 재흡수 억제제(SSRI; 항우울제)가 처음 소개되었을 때, 그 약은 마치 기적처럼 느껴졌다. 우리는 이 새로운 부류의 약이 세로토닌-신경세포들 간의 신호를 전달하는 뇌 속의 화합물-을 활용하여, 우울증을 유발시키는 "나쁜" 뇌의 화학작용을 교정할 수 있다고 들었다. 그리고 이 약은 효과가 있었다. SSRI들은 약물 과다복용의 위험을 낮추고 보다 낮은 부작용을 보이면서 우울증을 완화시키는 것 같았다. 비록 약을 복용하고 효과가 나타나는 데 몇 주의 시간이 소요되었지만, 그 짧은 기다림은 우울의 고통 속에 지내는 몇 달, 몇 년 동안의 시간에는 비할 바가 못 되었다. 그러나 처음부터 문제가 생겼다. 가장 분명한 문제는 뇌 속에 낮은 또는 정상 수준의 세로토닌이 있는지를 확인할 길이 없다는 것이다. 물론 프로작과 같은 항우울제들이 뇌 속의 세로토닌 수준을 상승시키는 것은 사실이다, 그렇지만 이것이 세로토닌 부족으로 우울증이 유발된다는 것을 의미하지는 않는다. 아스피린은 두통을 치료한다. 하지만 그렇다고 두통의 원인이 아스피린 결핍이라는 것을 의미하지는 않는 것과 마찬가지이다.

몇 년 동안의 새로운 연구 끝에, 현재는 우울증에 기여하는 많은 다른 생물학적, 사회적, 심리적 요인들이 밝혀지고 있다. 그 요인에는 염증, 상승된 스트레스 호르몬, 면역체계 억제, 영양결핍, 뇌의 특정영역의 비정상적 활동, 위축된 뇌 활동 등이 있다. 또한 고립, 운동부족, 빈약한 식사 등의 다른 주요 요인들도 우울증에 기여한다. 이것들은 약물의 도움 없이도 우리가 실제로 바꿀 수 있는 것들이다. 경미한 우울부터 중간 정도의 우울에 걸쳐져 있는 대다수의 사람들에게는 운동이나, 약 처방 없는 치료 등, 생활방식의 선택으로 약물만큼 효과적으로 우울을 줄일 수 있다.

좋게 들리는 것을 좋게 느껴지는 것으로 바꾸기

항우울제는 나쁜 기분을 줄인다. 이것은 대단한 효과이다. 하지만 항우울제는 또한 좋은 기분도 줄인다. 이것이 문제다. 모든 항우울제들은 뇌의 한 가운데 있는 보상경로를 포함한 고통과 쾌락 중추를 둔감화시킨다. 이는 비록 우리가 슬픔과 분노를 덜 강렬하게 느끼게 될지라도, 동시에 즐거움, 행복, 동기화, 의미, 목적, 타인과 자신과의 연결감 또한 덜 느끼게 된다는 것을 의미한다. 이는 내가 사랑받고 있다고 느끼고 다른 사람들이 사랑받고 있다고 느끼게 하는 것 역시 어렵게 만듦을 의미한다. 생명을 구하기 위해 필요할 때 감정을 바꿀 수 있는 약이 우리에게 있다는 것은 행운이다. 하지만 감정을 둔감화시키고 타인과의 연결감을 제한시키는 약을 지속적으로 사용한다면 이것은 우리의 삶에 재앙적인 영향을 미칠 것이다. 다음 월터(Walter)의 이야기가 보여주는 것처럼 말이다.

제약될 필요는 있었지만 영원히 제약될 필요는 없었던 남자

월터(Walter)는 나의 첫 내담자들 중의 한 명으로, 내가 수련생이었을 때

이끌었던 단기 집단에서 처음 만났던 사람이었다. 졸업해서 수련기관을 떠났을 때, 월터는 나를 찾아왔고 자신을 개인상담해 줄 수 있는지 물었다. 그는 부드럽고 상냥하게 말하며 안쓰러울 정도로 수줍어 보이는 남자였다. 자기 탐색의 여행을 시작하고자 하는 그의 욕구에 나는 기뻤지만, 첫 회기가 끝날 무렵 나는 월터의 문제가 상상했던 것보다 훨씬 더 심각하다는 것을 알았다.

그는 몹시 어질러진 어두운 아파트에서 홀로 매우 고독한 삶을 살고 있었다. 그는 애완동물도 친구도 없었고, 어떻게 대화를 하는지 어떻게 사람들에게 다가가는지 알지 못했다. 직장동료들을 제외하고 그가 아는 유일한 사람이라곤 매춘부들뿐이었다. 두 번째 회기에서 월터는 그의 동료들이 자신을 싫어하는데, 이것이 얼마나 그를 상처주고 분노케 하는지에 대해 이야기했다.

세 번째 만남에서, 나는 몇 가지 힘든 질문을 해야 하겠다고 생각했다: 그는 동료들을 상처주고 싶을 만큼 화가 났는가, 만일 그렇다면 그것을 실행할 계획을 가지고 있는가. 월터가 차분하게 자신이 총과 탄약을 샀고 그것을 사용할 계획이 있다고 말했을 때, 나는 두려움을 통제하고 월터의 말에 집중하려고 최선을 다하면서 그의 말을 들었다. 다행히도 이런 상황에서 내가 도움을 요청할 수 있는 정신건강센터가 있었다. 사회복지사, 간호사, 정신과 의사가 즉시 월터의 집에 방문했고, 그에게 자신과 타인들을 보호하기 위해 지역 병원에 입원해 약을 먹도록 설득했다.

월터의 상황은 뇌를 변화시키는 약이 즉시 처방될 정도로 위협적이었다. 이 약은 처음 도입되었을 때, "감정의 구속복(emotional straitjacket)[1]"이

1) 정신병자, 흉악범 등 특정 이유로 인해 자해 내지 타인에게 상해를 입힐 우려가 있는 사람에게 강제로 착용토록 하는 의류의 일종(옮긴이 주)

라고 묘사되었고 정신건강 분야의 엄청난 성과로 인정받았다. 이 약물 덕에 자신이나 타인에게 위협적인 사람이 지역병원에서 보다 쉽게 치료받을 수 있었다. 월터의 상태는 거의 즉각적으로 향상되었다. 내가 월터를 신고했기 때문에 그는 나와 어떤 것도 하고 싶어하지 않는다고 전해 들었지만, 접근허락이 떨어지자마자 나는 그에게 전화를 걸었다. 막상 연락해 보니 예상했던 것과 전혀 달랐다. 그는 나에게 보여줄 게 있다며 방문해 달라고 부탁했다. 사건은 있었지만 나는 그를 좋아했고 그의 착한 마음을 느꼈기 때문에 방문하기로 했다.

내가 찾아갔을 때, 월터는 동료들이 그가 병원에 입원했다는 것을 알고서 돈을 모아 선물을 사 주었다고 말했다. 그는 사랑스런 카드와 셔츠를 자랑스럽게 보여주면서 쭈뼛쭈뼛 말했다. “그들은 저를 좋아하는 것 같아요. 그들이 내게 중요하지 않다고 생각했던 건 잘못이었어요.” 그가 자신의 진정을 훨씬 더 많이 보여주었기 때문에, 나는 그 선물이 그에게 얼마나 강력한 영향을 미쳤는지 알 수 있었다. 그는 처음으로 나에게 자신의 외로운 어린 시절과 몇 년 동안 그에게 연락하지 않았던 가족에 대해 말해 주었다. 그 날 월터를 떠나오면서 나는 희망을 느꼈다. 짧은 기간 동안 그는 이 세상이 그가 상상했던 만큼 적대적이거나 비우호적이지는 않다는 것을 깨닫는 큰 발전을 이루었다. 비록 나는 더 이상 월터를 만나지 않겠지만, 그는 담당 의사의 치료를 받으며 긍정적 경과를 계속 이어갈 것이라고 생각했다.

나는 그것이 월터와의 마지막 만남이라고 생각했다. 하지만 3년 후, 나는 유대교의 예배당에서 그를 발견했다. 내가 본 장면은 매우 슬펐다. 월터는 예배당 뒤쪽 구석에 홀로 앉아 있었으며 무표정한 채 의자위에 풀썩 쓰러져 있었다. 그는 최소한 50파운드 살이 쪘고, 여러 면에서 “구속복”을 입은 경직된 사람처럼 보였다. 감정을 변화시키는 약이 어떻게 사용되고 있는 것인지 나는 이해할 수 없었다. 물론 자신이나 타인에게 위험을 가할 수 있는 사람이라면 제약이 필요하다. 하지만 긍정적 변화를 만드는 뇌의 능력을 고려한다면 왜 월터의 치료에 단지 약물처방 이상의 것을 포함시키지 않았을까?

우리에게 억제는 얼마나 많이 필요한가

전 세계 수백만 명의 사람들이 항우울제를 복용한다. 그리고 그들 중 많은 이들이 이 약을 이런저런 형태로 무기한 계속 먹고 있다. 같은 종류의 약물들이 불안을 낮추는 데에도 사용되고 있으며, 이 모든 약물들은 지속적이고 기능이 저하되는 부작용 가능성을 수반한다. 게다가 항우울제를 복용한 대다수의 사람들은 비약물 치료법으로 부작용 없이 중간부터 낮은 수준의 우울증을 완화시킬 수 있다. 더욱이 이러한 약물들은 대부분 우울증의 기저 원인들을 찾는 훈련을 받은 정신건강 전문의가 아닌, 전통적으로 정신건강 훈련을 거의 받지 못한 일반의들이 처방하고 있다. 불행하게도 일반의들에게는 환자 우울의 기저 원인들을 알아내는 데 필요한 시간과 전문성, 또는 약물이 환자의 사회적 · 정서적 행동을 변화시키는 과정을 관찰하는 데 필요한 시간 자체가 많이 부족하다.

약물이 특정 상황에서 건강을 보호하는 데 중요한 역할을 하고 있음은 의심할 여지가 없다. 하지만 더 이상 필요하지 않은 약물을 계속해서 복용한다면 무슨 일이 일어날까? 이것은 마치 한 때 부러진 뼈를 고치는 데 도움을 주었지만, 지금은 뼈가 다 나아 더 이상 소용없는데 움직임만 제한시키고 있는 깁스를 하고 영원히 살아가고 있는 경우와 같을 것이다. 항우울제를 복용하는 데 있어, 가장 심각하고 지속적인 부작용 중 하나는 대체로 알아차리기 어렵다는 점이다. 감정을 둔화시키는 약물은 가장 가깝고 중요한 사람들과의 연결감을 느끼는 것을 방해한다. 타인과 감정적으로 연결되는 것을 더 어렵게 만들기 때문에, 이러한 약물은 우리가 사랑받고 있다고 느끼게 만드는 관계를 만들어 내고 지속시키는 것을 더욱 어렵게 만든다.

약물은 우리의 관계에 어떤 영향을 미치는가

외로움과 소외감은 우리의 뇌를 비일관적으로 만든다. 사회적 유대감은 사랑하고 사랑받고 있다고 느낄 수 있는 우리의 능력에 기여하며, 육체적 · 정신적 건강을 유지시켜 주면서 우리를 더 튼튼하고 현실감 있게 살아가게 한다. 현재 우리는 이전에 알던 것보다 인간의 뇌가 훨씬 더 감정적일 뿐 아니라 훨씬 더 사회적이라는 사실을 알고 있다. 인간의 뇌는 타인과 연결하도록 구조화되어 있어서, 타인에 의해 영향을 받고 타인에게 관심을 가진다.

사회적 삶과 정서적 삶은 동전의 양면과 같다.

인간의 생존은 친구, 가족과의 유대관계에 달려 있다. 세계보건기

구(WHO)가 전 세계 사람들을 연구한 결과, 긴밀한 관계의 가족·공동체와 건강의 모든 측면들은 직접적 상관이 있음이 밝혀졌다. 지구상에서 가장 가난하지만 튼튼한 유대관계를 가진 사람들이, 물리적, 지적 혜택을 풍부하게 누리고 있는 사람들보다 더 큰 건강과 행복을 즐기며 살고 있다. 일본의 오키나와 장수마을처럼 강력한 사회적 유대관계를 가진 지역사회는 대체로 더 행복하다. 오키나와 장수마을에는 많은 사람들이 100년 이상 건강하고 행복하게 살고 있다. 노인이든 청년이든 대개 자연, 사랑하는 사람들과의 연결, 서로에 의해 사랑받는 느낌에 근거한 생활방식 속에서 정서적 충만함을 발견하고 있다. 감정은 의미있고 충만한 연결을 가능케 하는 접착제다. 정서적 인식이 흐릿한 상태에서 선택을 하면, 사람들을 알아차리고 이해하고 관계하기가 어렵다. 사랑하고 사랑받는 느낌은 사회적·정서적 과정이다. 다음 이야기의 스티븐(Stephen)처럼 우리 뇌의 정서적 영역을 둔감화시킨다면, 정서적으로 충만한 관계를 보존하는 우리의 능력이 약해질 것이다.

스파크(spark)을 잃었다가 다시 회복한 남자

상사가 **스티븐(Stephen)**에게 시카고로의 전근을 명했을 때, 그는 자신이 알고 사랑했던 가족, 친구들, 모든 것을 뒤로 하고 떠났다. 스티븐은 가족과 헤어지게 되어 마음이 아팠다. 하지만 그와 아내 샐리(Sally)는 자녀들의 학기를 마치고 이사하기로 결정했다. 몇 달이 느릿느릿 지나가는 동안, 스티븐은 점점 더 아내와 아이들이 그리웠다. 홀로 있는 것을 즐기는 사람이 아니었기에,

그는 매일 밤 조용하고 외로운 아파트에 있는 것이 점점 더 힘들었고 동네 술집에서 친구를 찾기 시작했다.

처음에는 단지 맥주 한두 잔을 마시기 시작했지만, 곧 매일 밤 건강에 해로운 정도로 술을 마셨다. 샐리는 스티븐의 행동을 깨닫고서 걱정하기 시작했다. 그녀는 즉각 남편이 우울증이라고 의심했고 의사를 만나볼 것을 제안했다. 동네병원 일반의를 찾아갔을 때 의사는 스티븐에게 항우울제를 처방해 주는 데 그쳤다. 몇 주 내로, 약은 그의 외로움을 둔감화시켰고 우울증을 개선시켰다. 이제 그는 밤에 집에서 혼자 TV를 봐도 그렇게 소외감을 느끼지 않을 수 있게 되었다. 이것은 술집에 가는 것보다 돈도 들지 않았고 책임감있는 행동이었다. 하지만 약물은 그의 의욕도 떨어뜨렸다. 그는 운동을 그만뒀고 일하지 않을 때는 대부분의 시간을 TV 앞에서 점점 더 커지는 식욕을 채우면서 보냈다.

샐리와 아이들이 오기를 기다리는 몇 달 동안 스티븐의 삶은 정지된 상태였다. 마침내 아이들의 학기가 끝났고 가족은 재회했다. 그들은 과거에 그랬던 것처럼 함께 즐겁게 살기를 기대하면서 더 크고 편안한 아파트로 이사했다. 하지만 기대대로 되지 못했다. 샐리는 스티븐을 사랑했지만, 그가 너무 많이 변해서 그녀는 그가 낯설게 느껴졌다. 그가 달라보였던 건 단지 살이 쪘기 때문만은 아니었다; 그녀는 과거에 느꼈던 번뜩이는 열정이 그리웠다. 때때로 짜증의 불꽃조차도 그들의 관계를 흥미진진하게 만들었다. 그들은 아이가 특히 사랑스럽게 행동할 때 고개를 끄덕이고 미소를 주고받았으며, 둘 사이의 비밀이나 기억을 확인하는 의미로 눈맞춤을 하면서 늘 가까이 지냈었다. 이제 스티븐은 이전보다 더 침착하기는 하지만, 더 접촉하기 어려운 사람이 되었다. 그는 예전의 방식으로 행동하기를 좋아하지 않았다. 그는 열정이 줄어든 사람이 되었다.

샐리는 스티븐에게 그녀가 느끼는 것을 말했고 약이 그들 사이의 거리감을 만드는지도 모르겠다고 넌지시 전했다. 스티븐도 의사에게 항우울제를 끊겠다고 말해 보기로 했다. 그는 이제 우울증이 중요한 문제가 아니라고 판단했다. 그렇다면 어째서 항우울제를 먹을 필요가 있었을까? 약의 금단증상은 생각보다 훨씬 더 장기적이고 어려운 문제였다. 스티븐은 의사의 충고에 따라 복용량을 서서히 줄여갔음에도 몇 주 동안 우울증은 물론 불안 증상도 느꼈다. 또한 그는 일을 하기 힘들 정도로 감기 비슷한 증상에 시달렸다. 이 힘든 시간 동안, 그는 자주 시비를 걸었기 때문에 가족들은 그와 같이 살기 힘들다고 느꼈다. 하지만 스티븐과 샐리 사이에 긍정적 느낌이 점차적으로 회복되었고, 항우울제를 끊기로 한 그의 결정을 지킬 수 있었다. 스티븐은 약을 점점 줄였고 다시 운동을 시작했다. 그와 샐리는 그들이 사랑받고 있음을 느끼게 했던 깊은 연결감이 다시 찾아온 것을 경험했다.

감정이 둔화되면, 타인과의 사회적, 정서적 연결성은 희미해진다. 하지만 항우울제 대신 쓸 수 있는 대체제가 있다. 스티븐이 생활방식의 변화와 치료가 우울증을 치료하는 데 약물만큼이나 효과적이라는 사실을 알았더라면, 그는 그 방법을 선택했을 것이고 금단이라는 고통스런 과정을 겪지 않았을 것이다. 물론 배우자가 아프거나 기능을 잘하지 못해 평상시보다 더 도움을 받아야 하는 시기라면 약물이 필요할 수도 있다. 하지만 평범한 관계를 꽃피우려면–배우자가 사랑받고 있다고 느끼게 하려면– 그들은 경험을 소통하고 공유할 수 있는, 모든 감정이 담겨있는 팔레트가 있어야 한다.

항우울제는 끊기 어려울 수 있다.

항우울제는 끊기 어려울 수 있다. 몸 전체에 나타나는 변화가 심각한 정서적, 신체적 문제를 낳을 수 있다. 그러한 문제에는 식욕감퇴, 메스꺼움, 구토, 설사, 감기 비슷한 증상(콧물 · 땀 · 근육통 · 열)이 포함된다. 또한 좌불안석, 불면, 현기증, 가벼운 두통, 불안이 나타날 수도 있다. 우울, 불안과 같은 정서적 상태는 처음에 가졌던 장애(우울증)의 재발과 혼동되기도 한다. 우리 몸이 어떤 약물이 없는 상태에 적응하는 데에는 시간이 걸린다. 어떤 약물들은 특히 더욱 그런 증상들이 나타난다. 항우울제는 힘든 시기를 겪고 있는 사람들을 도울 수 있다. 속도를 늦추거나 쉬어야지만 회복할 수 있는 시기가 있다. 때로는 잠깐 멈추거나 휴식하거나 원기를 회복하는 것이 적절하다. 하지만 깨어나고 동기화되고 행동을 취해야 할 시기도 있는 것이다.

경고의 말

어떤 약물이든 복용했을 때, 기대되는 결과가 나타나지 않거나 실제로 이로움보다 해로움이 더 작용할 수 있는 위험성은 항상 존재한다. 특히 항우울제와 관련된 위험요인은 더 그렇다. 특정인에게 있어, 항우울제는 우울감이 들 때 자살의 위험성을 감소시키기보다는 증가시킨다. 이러한 파괴적인 부작용을 가장 많이 겪는 연령층은 아동과 청년이다.

많은 가능성 중 최선의 가능성을 이끌어 내기

삶의 균형을 발견하는 일은 종종 건강을 유지하는 열쇠가 된다. 예를 들어, 현재 미국의 수백만 명의 아이들이 아동 대상으로 철저히 검증되지 않은 약을 복용하고 있다. 보다 균형잡힌 접근이란, 생활방식과 비(非)약물적 치료법들을 만들기 위한 기회의 창으로 이러한 약들을 활용하는 것이다. 다음 사춘기 아이의 사례에서처럼 말이다.

집으로 가는 길을 발견한 소녀

데보라(Deborah)는 가족의 가치에 대해 많은 이야기를 나누는 완벽한 가정에서 태어났다. 그녀의 엄마는 데보라가 태어났을 때, 전업주부가 되고자 그녀가 사랑했던 일을 그만두었다. 부모는 데보라의 모든 응석을 다 받아주면서 그녀를 애지중지 키웠다. 비록 부모는 계속해서 그녀에게 집중했지만, 서로를 향한 다정한 관심은 멈추었다. 데보라는 격렬한 언쟁의 소리를 들으며 잠들었다. 부모가 서로에게 하는 말들을 듣는 것은 데보라의 마음을 아프게 했고 힘빠지게 했다. 그녀는 그것에 익숙해져 갔다. 그렇지만 사춘기 동안 자신의 모든 것이 바뀌어 가고 상처에 매우 취약해졌을 때, 데보라는 참담한 사실을 발견했다.

어느 날 아침, 데보라가 스쿨버스를 타고 노천카페 앞을 지나가고 있을 때, 그 곳의 한 테이블에서 그녀의 아버지가 다른 여인과 바람을 피우고 있는 것을 보았다. 그 때부터 그녀는 매일 그 카페를 지나갈 때마다 아버지를 찾았고, 그가 다른 여인과 함께 있는 것을 반복해서 보았다. 데보라는 아버지가 어머니를 사랑하지 않는다면 아마 그 여인도 사랑하지 않을 것이라고 추론했다. 그녀가 아버지에게 자신이 본 것을 용기내서 말했을 때, 상황은 더욱 악화되었다. 아버지는 그녀가 본 것은 상상이라고 말하면서, 그녀의 문제제기에 대해 분노와 독선으로 반응했다. 아버지는 그녀를 그 따위 일이나 말하는 끔찍하고 진저리나는 아이라고 말했다.

데보라는 자신의 삶이 허물어져 내리고 스스로 미쳐가고 있음을 느꼈다. 배가 매우 심하게 아파서 거의 먹을 수가 없었고 공황발작을 겪기 시작했다. 학교에 있을 때나 친구들과 있을 때도 예전과 똑같지 않았다. 어떤 것도 중요해 보이지 않았고, 어두운 구덩이 속으로 추락하기 시작했다. 상황은 정점에 치달아, 급기야 데보라의 부모는 매서운 추위 속에서 얇은 잠옷만을 입은 채 2층 지붕 가장자리에 앉아 있는 그녀를 발견하기에 이르렀다. 데보라가 지붕에서 내려오기를 거부하여 부모는 경찰에 신고했고 데보라는 지역 정신병원에 보내졌다. 의사는 그녀가 자살할 수 있다고 생각했기 때문에, 그녀를 매우 예의주시하였고 자신을 해치지 않도록 약물처방을 했다.

항우울제는 그녀의 무망감과 무력감을 완화시켰고 그녀는 치료사와 상담을 시작했다. 그녀의 치료사도 어렸을 때 힘들었던 경험이 있었던 터라, 데보라와 매우 잘 맞았다. 치료사는 얼굴을 마주하고 많은 지지를 보내 주었으며 데보라가 일어났던 일에 대해 거리를 두고 볼 수 있도록 도왔다. 또한 그녀는 데보라가 고통스럽고 무서운 상황들을 다루고 자신감을 회복시킬 수 있는 정서적 기술을 키우도록 도왔다.

데보라의 부모는 그 일로 인해 비통했고 책임감을 느꼈으며 치료를 받으러 다녔다. 그녀의 아버지는 데보라와 아내에게 자신의 말과 행동에 대해 용서를 빌었다. 부모는 서로 사랑하고 있음을 깨달았고 가정을 깨뜨리고 싶지 않았다. 부모는 상대방이 얼마나 안전감과 사랑받음을 느끼지 못했는지를 깨달아갔고, 이전의 친밀감을 회복해 가기 시작했다. 데보라가 자신과의 관계를 강화하는 동안, 그녀의 부모는 서로에 대한 관계를 강화했다.

데보라는 자신감을 키웠고 그녀의 가족관계는 안정화되었으며, 그녀의 우울과 불안은 줄어들었다. 그녀는 스트레스와 압도적 감정을 다루는 데 있어, 운동과 명상의 가치를 배웠다. 결국 데보라는 약이 감정을 둔화시킨다고 설명하면서 약을 중단시켜 달라고 요청했다. 그녀는 자기 주변의 사람들이 매우 행복하다는 것을 발견할 수 있었고 그녀도 이러한 즐거움을 느끼고 싶어 했다. 정신의학과 의사의 주의깊은 감독 하에, 데보라는 약의 복용량을 천천히 줄여나갔고 결국 모든 약을 중단했다. 그 과정은 이 활동적인 10대에게 특별히 어려운 일은 아니었다. 데보라는 새로운 학습을 위한 기회의 창으로서 항우울제를 복용하며 시간을 보냈기 때문에 그녀는 다시 사랑받는다고 느끼기 시작했다.

균형잡힌 접근의 중요성

운동과 약물처방과 같은 생활방식의 변화는, 특히 장기적으로 보았을 때, 항우울제보다 우울과 불안을 줄일 수 있는 더 나은 기회를 선사한다. 가벼운 수준에서 중간 수준까지의 우울증을 앓으면서 일상기능을 유지하고 있는 대다수의 사람들에게, 생활방식의 변화는 엄청난 이점을 제공한다. 우리는 운동, 다이어트, 충분한 잠, 충만한 관계가 신체적 건강을 유지하는 데 도움이 된다고 배워왔지만, 이 모든 것들은 정신적 건강을 유지하는 데에도 많은 도움이 된다. 동기를 둔화시키는 약물을 복용하면서, 새롭고 더 건강한 생활방식을 개발하는 것은 어려운 일이다. 하지만 지지와 격려를 받는다면 가능하다. 희망이 없고 무기력할 때, 사랑받는다고 느끼거나 다른 사람들이 사랑받고 있음을 느끼게 하는 것은 어려운 일이다. 더욱이 항우울제를 복용하는 것처럼 단순한 해결책을 쓴다면, 이 일은 훨씬 더 어려워질 것이다. 균형잡힌 관점이란 무망감의 둔화만큼이나 긍정적 감정의 강렬한 경험에 높은 가치를 부여하는 것이다. 또한 균형잡힌 접근은 우리의 사회적, 정서적 요구를 차단하는 스트레스의 역할을 중요하게 여긴다. 균형잡힌 접근은 이러한 요구가 충족되든 충족되지 못하든 우리의 건강과 복지에 무엇보다 중요한 영향을 미친다는 것을 알고 있다. 이러한 접근은 감정과 충분히 연결되는 것이 중요함을 강조한다. 감정은 스트레스를 감소시키고, 우리가 맺는 관계에 대한 정보를 제공하고 안내하며, 깊이 사랑받고 있다고 느낄 수 있는 능력을 향상시킨다.

4장

가상 연결은 더 큰 분리를 낳을 수 있다.

현대 기술강박적인 세상에서 전형적으로 관찰되는 것

일요일 아침이다. 나는 양지바른 동네 식당에서 마주앉아 있는 남편의 관심을 받으며 행복을 느끼고 있다. 남편의 표정은 부드럽고 말할 때마다 내 쪽으로 몸을 기울인다. 남편이 화장실에 가느라 잠시 자리를 비웠을 때, 인근 테이블에 홀로 앉아 있는 남자가 내 눈에 띈다. 그는 고개를 숙이고 조용히 핸드폰 통화를 하고 있다. 친절한 웨이터가 주문을 받기 위해 그에게 다가가자, 그는 통화를 멈추고 웨이터에게 말한다. 하지만 웨이터를 쳐다보지는 않는다.

내 오른쪽에 빈 테이블이 있고 네 명의 가족-엄마, 아빠, 두 어린 아들-이 우리 쪽으로 다가온다. 우리 음식이 도착할 때쯤 그들은 자리에 앉는다. 엄마와 작은 아이는 손에 든 핸드폰으로 문자를 보내고 게임을 한다. 아빠는 특별히 무엇을 응시하지 않은 채 멍하니 앉아 있다. 큰 아이는–특히 예쁜 아이–내가 바라보는 것을 알아차리고, 나는 그 아이에게 미소를 보낸다. 하지만 아이는 미소로 답하지 않는다. 대신 그 아이는 슬프고 당황한 듯이 보인다.

가상 관계로는 충만한 삶을 이뤄낼 수 없다.

초고속 인터넷의 발전과 사회 연결망의 급속한 진화에 힘입어, 많은 사람들이 사람, 정보, 오락거리와 “관계하기 위해” 매일매일 온라인에 접속한다. 우리는 크고 작은 스크린 앞에서 가끔씩 몇 분이 아니라 매일 몇 시간씩 시간을 보내고 있다.

기술은 놀랄 만큼 뛰어나고 우리 삶은 인터넷 덕분에 확실히 더욱 편리하다. 태블릿, 스마트폰, 노트북과 같은 휴대용 기기 덕분에 먼 이웃, 먼 도시, 먼 나라에 있는 가족, 사랑하는 사람, 동료, 새로 알게 된 사람들과 가상의 관계를 지속할 수 있다. 동시에, 두 사람이 한 테이블에 앉아 실제 대화를 하며 함께 즐기는 대신에, 말없이 자기 핸드폰을 통해 서로의 사진에 댓글을 달아 주는 모습을 보는 일도 낯설지 않다. 그리고 이러한 상황을 보면, 이 모든 가상 관계들이 너무 남용되고 있는 것은 아닌지 의구심을 품지 않을 수 없다.

하루 중 많은 시간 동안 깊숙이 가상의 관계만을 맺기 때문에, 우리는 직접 관계를 맺는 방법을 잊고 있는 것은 아닐까? 태블릿과 핸드폰 때문에 우리의 삶은 더 윤택해진 것일까, 아니면 더 소진되고 스트레스가 커진 것일까? 소셜 미디어(social media)는 우리가 타인과 의미있는 방식으로 관계하는 데 필요한, 감정적이고 비언어적인 의사소통을 대신하고 있는 것일까? 스스로 사랑받고 있다고 느끼고 상대방이 사랑받고 있다고 느끼게 해 주는 방식에 있어, 가상 관계는 타인과 의사소통하는 우리의 능력에 영향을 미치는가? 이러한 질문들에 더 잘 대답하기 위해, 온라인 관계와 실제/직접적인 관계를 비교해 보자.

스크린을 통해서는 비언어적 소통을 할 수 없다.

우리는 말을 배우기 전에 감정적이고 비언어적인 단서들을 사용하여 의사소통을 했다. 우리는 미소지었고 찡그렸고 팔을 흔들었다. 발을 쿵쿵 굴렀고 어깨를 들썩거렸고 손가락질했다. 말하지 않고도 서로 소통할 수 있었다. 왜냐하면 시선맞춤, 움직임, 다른 비언어적인 단서들로 여전히 연결될 수 있었기 때문이었다.

어떻게 아기가 희노애락의 정서, 볼드체의 대문자들, 감탄부호가 담긴 매우 표현적이고 감정적인 이메일 메시지에 반응할 수 있겠는가? 아기가 감탄문을 이해할까? 아니면 단지 키보드를 가지고 놀려고 하거나 마우스를 빨려고 할까? 이메일-긍정적이고 표현적인 내용일지라도-은 아기에게 아무런 의미가 없다. 우리가 아기 앞에 앉아 얼굴 표정이나 소리 같은 비언어적인 의사소통 수단을 사용한다면, 그 아기는 즉각적으로 반응할 것이다. 어른들도 이러한 타고난 신체적 의사소통에 매우 민감하다. 얼굴, 몸, 목소리, 접촉에 대한 민감성은 아이였을 때만큼이나 지금 우리에게도 여전히 중요하다.

비언어적 의사소통은 사람들과 함께 있을 때 계속해서 일어나지만, 쉽게 놓치거나 잊혀질 수 있다. 미묘한 무언의 의사소통에 주의를 기울이지 않는 사람들은 이를 완전히 놓칠 수 있다. 그럼에도 불구하고 발달심리학 분야에서 인간이 유대관계를 맺을 수 있는 것은 비언어적 의사소통 덕분이라고 말한다. 하지만 우리가 서로를 알고 이해하도록 돕는 복잡한 무언의 정보들은 온라인 대화에서는 소실된다.

가상 관계로는 직접적 소통의 복잡성을 복제할 수 없다.

정확한 비율은 아직 논쟁의 여지가 있지만, 모든 의사소통 중 적어도 75%는 비언어적이다. 우리의 뇌는 상대방이 다정한지, 혹은 우리에게 관심이 있는지를 알려 주는 무언의 신호를 받도록 설계되어 있다. 이러한 신호들은, 직접 메시지를 보내는 동시에 중요한 메시지를 받을 정도의 놀랄만한 속도로 뇌에 등록된다. 우리가 상대방의 눈을 들여다보면서 읽게 되는 표현은–또는 그의 입술에서 무엇이 일어나는지, 고개를 어떻게 기울이는지, 손을 어떻게 잡는지를 바라볼 때 보게 되는 것은–그가 전달하는 어떤 말보다도 그가 무엇을 생각하는지, 무엇을 느끼는지에 대해 더 많은 것을 말해 준다. 또한 목소리의 높낮이, 목소리의 강도, 어떻게 손을 뻗어 접촉하는지는 말만으로는 거의 전달되기 어려운 추가적인 정보를 전달한다. 예를 들어, 우리가 어떤 사람과 점심을 먹으며 대화를 나눈다고 가정하자. 하지만 비언어적 신호를 통해 그와 나누는 소통이 희망했던 효과를 가져오지 않고 있다는 사실을 알아차렸다. 그렇다면 우리는 즉시 이를 수정하고 더 강력하고 더 성공적인 관계를 맺도록 스스로를 도울 수 있다.

하지만 가상세계 안에서의 소통은 보내고 받는 과정 동안 막대한 단절이 존재한다. 이메일이나 문자메시지로는 목소리 톤, 빈정댐, 순수한 흥미, 못마땅함을 해석해 내기 어렵다. 온라인상에서 주고받는 실제 시간은 매우 짧더라도, 우리 뇌에서는 그러한 부조화를 스트레스로 인지한다.

수십억 개의 감각 정보들을 수집하고 그것들을 다른 수십억 개의 정보들과 연결해 내는 뇌의 능력 덕분에 할 수 있는 직접적 의사소통은 특별한 것이다. 이것은 온라인상에서는 할 수 없는 것이다. 스카이프(Skype)나 화상 회의 어플리케이션을 사용한다 해도 말이다. 다음 두 이야기는 자신의 손자녀들과 정서적 유대관계를 매우 간절하게 맺고싶어 하는 조부모들의 이야기이다. 그들의 목표는 똑같다. 하지만 첫 번째 이야기에서는 온라인 소통수단을, 두 번째 이야기에서는 면대면 소통수단을 사용했기 때문에, 그 결과는 확연히 다르다.

온라인으로 연결되기를 원했지만 그럴 수 없었던 조부모들

에드(Ed)와 **주디(Judy)**는 자녀, 손주들과 깊은 친밀감을 느끼며 맹목적인 사랑을 베풀어 주는 할아버지, 할머니였다. 하지만 아들 스캇(Scott)이 직업적 성공을 위해 자기 가족을 데리고 이민을 떠나 버렸을 때, 그들은 상심했다. 스캇과 그의 아내 케리(Kerri)는 자녀가 셋 있었다. 엘리(Ellie)는 네 살이었고, 아래 남동생 스티브(Steve)는 두 살 반, 그리고 6개월 된 사이먼(Simon)이 있었다. 손주들과 연결하고 계속 연락을 취하기 위한 필사적인 노력으로, 에드와 주디는 스카이프(Skype)를 통한 매주 만남을 정했다.

매주 토요일 저녁을 손주들과의 가상 관계에 바친다는 것은 그들 입장에서는 어느 정도 희생을 필요로 했지만, 에드와 주디는 불평하지 않았다. 그들에게는 손주들과의 시간이 한 주에서 가장 중요한 일이었다. 그들은 어린 손주들이 노는 모습을 보고 대화를 하려고 했는데, 그게 쉽지가 않았다. 엘리는 조부모들과 예전에 했던 온라인상의 대화를 조금 기억하곤 했지만, 두 살 반인 스티브는 카메라를 들여다 보면서 에드와 주디의 질문에 답할 주의집중력이 없었다.

매주 에드와 주디는 손주들의 발육과 행동 변화를 보면서 아이들에 대한 사랑을 키워갔다. 하지만 손주들은 이러한 만남을 동일하게 경험하지 않았다. 그들이 보는 화면 위의 이차원적 영상은 현실감이 없었고 약간은 이상했다. 사실 스카이프 만남시간은 아이들에게 아이패드(iPads)와 컴퓨터에서 했던 게임들을 생각나게 했다. 이러한 만남은 가상 현실 속에서 이루어진 것이기 때문에, 토요일 만남은 아이들보다는 조부모들에게 훨씬 더 많은 것을 의미했던 것이다.

에드와 주디의 경험은 수천 마일 떨어져 사는 가족들에게 흔히 있는 일이다. 그들이 손자녀들과 맺었던 관계는, 최근 아침 산책에서 내가 목격했던 할아버지와 손녀 간의 관계와 많이 달랐다.

할아버지와 손녀 사이의 굉장히 소통했던 상호작용

멀리서 보면, 이 장면은 이상해 보였다. 백발의 한 남자가 자기 앞에 유모차를 두 다리로 감싼 채 인도 한가운데에 앉아 있었다. 거리가 가까워지면서 나는 작은 아기가 유모차 안에 앉아 있는 것을 보았고, 아기와 나이든 신사가 눈높이를 맞추고 있는 것을 알게 되었다. 두 사람은 서로에게 푹 몰입해 있어서 내가 지켜보기 위해 발걸음을 멈추는 것을 눈치채지 못했다.

얼굴을 맞대고 눈을 맞추면서 그 아기는 자기 손가락 하나를 나이든 남자의 콧등 위에 올려놓았다. 그도 자기 손가락 하나를 아기 콧등에 올려놓자 미소로 보답을 받았다. 다음에는 그 여자아기가 자기 손가락으로 그의 입을 만지작거렸고, 남자가 자기 손가락을 아기 입술에 올려놓자 즐거운 듯이 낄낄 웃어댔다. 그 할아버지도 입을 활짝 벌리고 기쁜 표정으로 웃음을 터뜨렸다. 그 아기는 훨씬 더 신나서 박수를 치기 시작했다. 처음에는 자기 손으로 했다가 나중에는 할아버지의 뺨에 손뼉을 쳤다.

나는 계속 지켜봤고, 그 아기는 종종 노는 걸 멈추고 시선을 돌리고 필요한 휴식을 취했다. (유아의 신경구조는 어른보다는 더 잦은 휴식이 필요하다.) 이런 일이 있으면, 할아버지는 아기가 하는 대로 따라했고 노는 것을 멈추었다. 이것은 아기가 주도하는 춤이었고 아기도 그것을 아는 듯 보였다. 잠깐 쉰 후에, 아기는 다시 시작해서 자기의 촉각, 미각, 그리고 청각을 굉장히 열정적으로 탐색했다. 그 두 사람이 이런 즐거움을 함께하면서 길 가운데서 얼마나 오래 앉아 있었는지는 모르겠다; 서로가 사랑받는다는 느낌을 갖게 만드는 방법과 관련하여, 이런 매력적인 본보기를 목격한 것에 기뻐하며 내가 혼자서 미소 지으며 떠날 때도, 그 둘은 나를 눈치채지 못하고 있었다.

직접적, 신체적 상호작용은 충만한 정서적 연결을 이끌어 낸다. 의사소통은 평평한 스크린 위에서는 희미해진다. 직접적 의사소통에서 이루어지는 미묘한 타이밍과 속도를 온라인상에서 복제해 내기는 어렵다. 진정한 눈맞춤은 스크린 위에서는 불가능하다. 맛, 촉감, 냄새와 같은 감각을 탐색하는 기회도 스크린 위에서는 불가능하다. 이러한 기회들은 가상세계상에서 간단히 복제될 수 없다.

온라인에서는 감각적 · 정서적 경험이 제한된다.

남을 그냥 쳐다보는 것과, 그 사람이 느끼는 것이 드러나는 미묘하고 비언어적인 단서들을 알아차릴 만큼 충분히 세심하게 바라보는 것은 중요한 차이가 있다. 그의 눈을 들여다보고 바로 옆에서 그의 얼굴과 몸에서 일어나고 있는 미묘한 변화를 포착할 때, 우리는 멀리 떨어진 가상적 거리에서는 모을 수 없는 정보를 모으게 된다. 사람의 얼굴은 평평한 컴퓨터 스크린에서는 잘 보이지 않는 수십 개의 근육으로 이루어져 있다. GoToMeeting[2)]은 사람의 이마, 눈, 코, 입을 둘러싼 작은 근육들에서 일어나는 섬세한 변화를 잡아내지 못한다. 사람의 뇌는 이러한 미묘한 단서들을 등록한다. 또한 키스와 포옹을 하면서 서로를 만지고 냄새 맡고 맛보면서, 우리는 가상현실이 미래에도 결코 제공할 수 없을 것 같은 감각적이고 정서적인 경험을 공유한다. 뇌의 정서적 부분이 아마도 후각으로부터 진화됐을 것이라는 의견은, 정서와 감각

2) 미국 Citrix Systems사의 온라인 미팅, 원격 협업, 비디오 회의가 가능한 웹 기반 서비스명(옮긴이 주)

적 경험이 얼마나 밀접한 관계인지를 반영한다.

우리에게 안전감을 주고 탐색을 격려하는, 이완되고 서로 공유된 비언어적 의사소통은, 또한 우리를 사랑받는다고 느끼게 해 준다. 발달심리학자들은 유아와 양육자가 함께 하는 즐겁고 감각적으로 풍부한 경험을 "사랑에 빠진 경험"이라고 칭한다. 이러한 사랑에 빠지는 초기 경험은 미래의 애정관계를 예견하는 원형이 된다. 이런 생각을 하니, 온라인 의사소통이 우리 아이들에게 어떤 영향을 미치는지 궁금해지지 않을 수 없다.

나는 아이들에게 책을 읽어 주거나 바라보거나 귀를 기울이는 대신, 전자기기를 쳐다보고 읽고 듣는 데 더 많은 시간을 보내는 부모와 양육자들을 관찰할 때, ADD/ADHD, 학습장애, 자폐 스펙트럼 장애와 같은 아동기 문제들의 급속한 확산을 떠올리게 된다. 그 둘 사이에 관련성이 있는가? 양육자들이 전화나 태블릿을 하느라 상당한 시간을 보낸다면, 어린이들에게 심각한 영향을 주지 않을까? 많은 시간을 직접적 의사소통 대신 가상의 흥밋거리에 관심을 쏟는 것이 우리의 관계와 건강에 영향을 주지 않을까?

접속하기와 끊기

가상공간에서의 의사소통은 더 자기애적이고 덜 공감적인 사람들을 양산해 낸다는 비난을 받아 왔다. 나는 반드시 그렇다고 생각하지는 않는다. 하지만 온라인 의사소통은 직접적 의사소통보다 정서적으로 확실히 덜 충만감을 준다. 온라인 의사소통은 더 빠르고 더 쉬운 과정이며, 수십 통의 이메일과 문자메시지를 수십 분 내로 주고받을 수 있다. 하지만 온라인 의사소통은 감각적 정보와 비언어적 단서를 참조하지 못하기 때문에, 많은 오해를 불러일으킨다. 다른 사람이 생각하고 느끼는 것을 정확히 아는 일은 어렵다. 메시지가 정보만 제공하는 것이 아니거나 정서적 함축을 담고 있을 때, 특히 그러하다. 메시지가 지나치게 많은 정보를 담고 있거나 충분치 않은 정보를 담고 있는가? 메시지의 긍정적이거나 부정적 효과가 있는가? 받는 사람이 압도감을 느끼거나 감명을 느끼지 못하는가? 물론 이러한 질문들을 이메일로 물을 수도 답할 수도 있다. 하지만 이러한 일은 거의 일어나지 않는다.

비언어적인 직접적 의사소통은 유아들, 혹은 우리의 말을 이해할 수 없는 사람들과 관계할 수 있는 유일한 방법이다. 비록 덜 분명할지라도 무언의 소통은 성인의 소통에서도 똑같이 중요하다. 모든 관계들은–가장 중요한 관계부터 가장 덜 중요한 관계까지–감정에 기반을 두고 풍부한 감각이 동원되는 무언의 의사소통에 의지한다. 사람들을 감동시키고 영향을 줄 수 있는가의 성패는, 그들과 나눈 말보다 말없이 우리가 전달한 것에 달려 있다. 우리 삶의 모든 장면에서처럼, 직장에서도 마찬가지이다.

생계를 꾸려가는 방법은 점차 가상의 경험이 되고 있다. 우리 중 많은 이들이 사무실에서 컴퓨터로 일할 뿐 아니라, 심지어 떨어진 방에 있더라도 동료들과 온라인에서 만나고 어울린다. 쉬는 시간에 식음료대 앞이나 구내식당에서 직접 만났던 시절에는 얼굴을 마주하고 상호작용을 하면서 시간을 보내곤 했었다. 하지만 오늘날 사람들은 서로 상호작용을 하는 대신, 스마트폰이나 태블릿에 시선을 꼿꼿하게 고정시키는 경향이 있다. 게다가 온라인상에서 더 많은 시간 동안 두뇌활동을 한다면, 다음의 이야기가 보여주는 것처럼 면대면 연결이 얼마나 중요한지에 대해 점점 더 모르게 된다.

면대면 만남 대신 온라인 소통하기

댄(Dan)은 기술자로 취직했을 때 짜릿했다. 그 직업에 종사하려면 고향에서 수백 마일 떨어진 곳으로 이주해야 했지만, 그는 젊고 모험을 받아들일 준비가 되어 있었다. 그의 계획은 이메일이나 페이스북(Facebook) 혹은 트위터(Twitter)로 친구들과 가족들에게 연락을 유지하는 것이었다.

처음에 댄은 전문성과 세심함으로 직장 내에서 인정을 받았다. 하지만 댄의 사장이 한 프로젝트에서 속도를 높이라고 압박을 하자, 이런 상황이 변하기 시작했다. 빨리 한다는 것이 비전문적이고 대충 일한다는 의미라고 생각했지만, 일을 빨리 해야 한다는 댄의 압박감은 점점 더 심해졌다. 그는 가능한 한 빨리 일을 하려 했지만, 곧 사장은 댄이 너무 천천히 일한다고 불평하는 내용의 이메일을 계속해서 다른 사람들에게 보내기 시작했다. 댄의 좌절감을 더 키웠던 것은 관리자들이 그 문제에 대해 직접 대면해서 대화하려 하지 않고, 오로지 이메일로만 그에게 전달하는 방식이었다. 그러한 압박은 동기를 부여하기는커녕 그가 집중하는 것을 어렵게 만들었고, 댄은 더욱 더 뒤쳐지게 되었다. 사장의 요구를 맞추려는 헛된 노력을 해보고자, 댄은 일을 집으로 가져오기 시작했다. 긴장이 쌓이면서 댄은 온라인에 접속해서 자신의 괴로움을 잊어보려 했다. 금세 댄은 밤낮으로 인터넷에 접속해 있었다.

인터넷 접속 시간이 많으면 많을수록 댄은 더욱 더 흥분했고 스트레스 받았고 피곤해졌다. 그는 직장에서 더 뒤쳐지게 되었다. 회사는 그를 해고하지는 않았지만 봉급과 수당은 삭감되었다.

댄은 너무 당황스럽고 수치스러워서 직장에서 벌어지고 있는 상황에 대해 누구하고도 대화를 할 수가 없었다. 친구나 사랑하는 사람들이 연락을 하면, 그는 그들에게 만사가 좋다고 이야기했다. 대면해서 누군가를 만날 수 있는 기회가 직장 내에 거의 없다는 사실이 그의 고립감을 키웠다. 그에 대해 관심갖는 사람들의 지지가 없었기 때문에, 댄의 삶은 경로에서 벗어나서 길을 잃기 시작했다. 그는 컴퓨터 게임과 TV, 온라인 쇼핑의 세계로 빠져 들어갔다. 컴퓨터 앞에 있거나 결코 직접 만나지도 않을 것 같은 사람들에게 문자를 보내면서 주말을 보냈다. 댄이 수면 부족 때문에 눈 밑에 다크 써클이 생긴 것을 알아챌 만큼 가까이서 관심을 가져주는 이는 아무도 없었다. 사랑받는 느낌을 갖지 못하게 방해하는 가상세계로 그가 빠져들었다는 것을 알아볼 만한 이는 아무도 없었다.

가족들은 댄이 휴일에 집으로 올 비행기표 값이 없다고 했을 때 무언가 잘못되고 있다고 의심하기 시작했다. 댄의 급여 수준을 생각할 때 비행기표를 살 만한 돈이 없다는 것은 이치에 맞지 않았다. 댄의 부모는 가능한 빨리 댄을 주기적으로 찾아가 보기로 했다. 이로 인해, 댄의 문제는 바로 명확해졌고 가족들은 개입을 하기 시작했다. 가족들의 지지 덕분에 사랑받고 있다고 느끼게 되자, 댄은 자신이 직장에서 막다른 골목에 처해 있음을 깨달았다. 그는 직장을 그만두고 자신의 직업윤리와 사회적 요구에 더 잘 부합하는 일을 찾기 시작했다. 마땅한 자리를 찾는 데는 시간이 좀 걸려서, 댄은 자신이 원하는 일을 찾기 전까지 임시직을 구했고 마침내 작은 토건회사에 취직이 되었다.

새 직업은 예전만큼 벌이가 좋지는 않았지만 댄은 자기자신에 대해 훨씬 기분이 좋아졌기 때문에, 그것은 중요하지 않았다. 그는 새로운 사장에게 인정받고 존중받는다고 느꼈고, 사장은 논의할 중요 사항이 있을 때마다 댄의 눈을 쳐다보곤 했다. 댄은 업무와 관련된 문제를 논의하기 위해 사람을 직접 만났으며 동료와 대면하며 일을 했다. 놀랍게도 그의 동료들과 일과 후에 만나서 함께 놀고 휴식을 취하기도 했다. 댄은 회사의 싸이클 동호회에 가입했고, 카드놀이를 하면서 새 친구들을 사귀었다. 직접적 관심과 존중을 보여주는 사람들이 있는 환경에서 댄은 일을 가장 잘 해냈다.

사회적이고 정서적인 관계에 대한 우리의 욕구는, 일을 할 때도 꺼지지 않는다. 최선의, 가장 생산적인 자신이 되기 위해서, 우리는 집중하고 이완될 필요가 있다. 우리 안의 최선을 고무시키는 안전감은 지지적이고 직접적이고 비언어적인 의사소통의 산물이다. 우리는 함께 일하는 사람들이 우리를 수용하고 인정한다고 말하는 시선, 느낌, 감각적 인식을 경험할 필요가 있다. 이러한 안심 속에서 우리는 최선을 다하고 최고의 능력에 다가간다. 불행하게도 실제로는 그렇지 못할 때, 가상세계로 도망치는 일은 점점 더 쉬워진다.

온라인 경험은 흥분되지만 충만하지 않을 수 있다.

많은 사람들은 정서적 충만함을 위해 인터넷과 소셜 네트워크에 의지하지만, 외로움과 지루함을 빠르게 해결하는 방법을 찾을 가능성은 그렇게 크지 않다. 오직 면대면 연결만이 차분하고 초점있는 일상과 사회적·정서적으로 충만한 상태로 존재하는 데 필요한 경험을 제공한다.

온라인 접속은 우리가 알고 관심있는 사람들과 계속 접촉하고 약속을 계획하는 방법을 제공한다. 우리는 마음의 눈으로, 사랑하는 사람들과 함께 있음을 기억하고 그 느낌이 얼마나 좋았는지를 상상할 수 있다. 강력한 상상력을 가진 사람들은 즐거운 기억들을 붙잡고 있을 수 있고 그 기억들을 되살리며 견뎌낼 수 있다. 그러나 대다수의 사람들은 사랑받고 있다고 느끼기 위해 기억 이상의 것을 필요로 한다. 우리는 사람들이 우리를 향해 느끼는 사랑을 전달받는 면대면 경험을 필요로 한다. 심지어 우리는 불쾌감을 느낄 때조차도 우리의 느낌을 알 필요가 있다. 가상적 연결성은 즐거울 수 있고 심지어 흥분될 수도 있다. 하지만 흥분과 충만감에는 차이가 있다. 행복은 우리 인생의 모든 부분에 정보와 동기를 제공하는 기쁨을 주입한다. 행복은 순식간에 다가오는 것이 아니고, 우리가 싫어하는 느낌을 피함으로써 얻어지는 것도 아니다.

**우리는 기쁨 없이 일할 수 있으나,
살기 위해서는 기쁨이 필요하다.**

긍정심리학 연구들은 행복하기 위해 항상 기분이 좋을 필요는 없다고 말한다. 삶의 부분들을 즐기고 행복을 느낀다면, 우리가 하고 있는 것을 항상 좋아할 필요는 없다. 행복한 사람들은 자신이 즐기지 않는 직업생활을 하며 평생을 보내기도 한다. 하지만 그런 경우, 그 사람들을 기분 좋게 만드는 삶의 다른 중요한 부분들이 있다-그것은 주로 그들이 사랑받고 있다고 느끼는 관계이다.

기기를 꺼놓는 것은 건강한 삶을 유지하기 위한 핵심이다.

점점 더 많은 사람들이 온라인 친구들과 연결하느라 계속 바쁘게 지낸다. 소셜 네트워크는 면대면 우정관계를 맺는 새로운 시작이 될 수 있다. 하지만 마음만 산란하게 만들 수도 있다. 혼자서 트위터(Twitter)나 페이스북(Facebook)을 계속 보게 되면, 기술이 가지고 있는 신속성과 용이함에 사로잡히고 계속해서 들어오는 정보에 정신을 뺏기게 된다. 결과적으로 당신이 느끼고 있는 바를 놓치게 된다. 우리는 보고 있는 것에만 몰두하게 되고 인생의 공허함은 무시하게 된다.

전화, 테블릿, 컴퓨터에 사로잡혀 있을 때, 사실상 너무 적게 성취하고 있음에도 너무 많이 하고 있다고 생각하기 쉽다. 쉬고 회복하고 새로운 학습을 통합하기 위해서, 기계를 꺼 놓는 시간이 필요하다. 온라인 접속을 계속하기 때문에, 우리의 뇌는 주의경계를 늦추지 않으며 회복의 기회를 가지지 못한다. 또한 일정 시간이 흐른 후, 모든 것이 똑같이 중요해 보이면서 최선의 선택을 하기 어려워진다. 온라인 접속을 계속하기 때문에, 천천히 가거나 멈춰서서 재평가할 필요가 있다고 신호를 보내고 있는 감정과 접촉하지 못한다. 소셜 미디어를 포함한 인터넷 기술은 우리 삶에 변화를 만들어야 할 시점을 깨닫지 못하게 할 수 있다. 기분 나쁨을 알아차릴 때 기분이 더 좋아지기 시작하기도 한다.

다행스럽게도 인터넷에 접속할 것이냐 말 것이냐를 선택할 필요는 없다. 두 가지 다 할 수 있다. 우리는 온라인에서 이용할 수 있는 기쁨, 흥미, 교육적/사회적 기회를 즐길 수 있다. 또한 사랑받고 있다고 느끼게 만드는 경험에 초점을 맞추어야 할 때, 인터넷 접속을 끊는 것을 배울 수 있다. 온라인 상호작용이냐 면대면 상호작용이냐를 선택할 필요도 없다. 하지만 각각으로부터 무엇을 기대할 수 있는지는 알아야 한다.

당신의 온라인 친구 및 관계는, 온라인상에 게시된 것과 다를 수도 있다.

감각의 제한이 항상 나쁜 것만은 아니다. 소셜 미디어, 데이트 사이트, 문자메시지, 채팅 룸 같은 온라인 또는 가상 경험은 영리하고 창의적인 방식으로 우리의 상상을 채워줄 수 있다. 하지만 감각의 제한이 있는 이러한 환경 속에서 너무 많은 시간을 보낸다면, 우리는 길을 잃게 된다. 온라인상에서 만나는 사람들에 대해 우리가 가지는 가정을 검증할 기회가 없다면, 상상은 미친 듯이 날뛰며 우리가 원하는 것과 실제 상황을 혼동할 수 있다. 온라인상에서 만난 사람들을 만나는 일이 있더라도 우리가 생각하던 그들의 모습과 다르다는 것을 종종 발견하고서 실망을 하기도 한다.

우리의 상상력이 다른 사람의 인상에 덧칠하고 싶어하는 것처럼, 우리가 자기자신을 묘사할 때는 훨씬 더 상상력을 발휘하고 싶어한다. 온라인상에 게시된 프로필은 빈번이 우리가 자기자신을 바라보는 실제모습을 과장하거나 축소해서 써 놓은 것이다. 진실을 늘리거나, 현실에서는 갖고 싶지 않은 결점을 망각하기 쉽다. 당신이 그렇게 한다면 온라인 친구들도 그렇게 할 수 있다는 사실을 인식하는 것이 중요하다. 많은 사람들이 스크린이나 온라인 페르소나 뒤로 숨어버린다. 면대면 경험이 온라인상의 프로필 묘사와 일치할지 아닐지는 짐작만 할 뿐 그 누구도 확실히 모른다.

새로운 친구를 사귀거나 특별한 누군가를 만날 것이라고 확신하기 전에, 그 사람과의 면대면 만남이 어떻게 느껴지는지 알 필요가 있다. 우리는 그 사람을 직접 만나서 느껴지는 매력을 경험하고 순간의 우정을 주고받는 경험이 필요하다. 또한 서로 완전히 뜻이 다를 때 무슨 일이 일어나는지 경험할 필요가 있다. 우리에게 다음의 질문이 필요하다.

- 우리의 새 친구들 또는 잠재적 연인들은 발끈 성을 내고 가 버릴까?
- 그들은 우리와 더이상 말하지 않을까?
- 우리는 불일치를 해결할 수 있을까?
- 그들이 자신의 행동을 후회할 때 사과할까?
- 그들은 용서를 구할 것인가? 그리고 그들은 용서할 수 있을 것인가?
- 우리는 줄 뿐 아니라 받을 수 있고, 받을 뿐 아니라 줄 수 있는 친구 또는 잠재적 연인을 발견했는가?

사랑받음이 느껴지는 안전한 우정 또는 관계라고 확신할 수 있으려면, 우리는 이 모든 질문을 더 많이 탐색할 필요가 있다,

사랑의 언어는 직접 소통된다.

온라인상에서는 오감에 의해 제공되는 풍부한 대인관계의 질이 상실된다. 비언어적 의사소통의 중요 기회도 상실된다. 현실세계의 오프라인상에서, 당신의 눈, 귀, 피부, 코, 혀는 놀라운 방식으로 서로 연

결되어 있다. 감각군은 감정과 의미 면에서 매우 강력한 관계를 만드는 데 기여한다.

우리는 우정의 가치를 평가하기 위해, 함께 나누는 면대면 만남의 경험을 필요로 한다. 우리의 진가를 알아주고 우리에게 마음을 써 주는 누군가가 말을 건네올 때, 목소리 톤의 변화를 들어야 한다. 그들의 눈과 얼굴에서 느껴지는 애정을 봐야 한다. 춥거나 슬플 때 감싸주거나 어깨 위에 올려진 친구 팔의 촉감을 느껴야 한다. 웃거나 울기 시작할 때, 동시에 친구들도 웃거나 울기 시작하는 장면을 봐야 한다. 이러한 감각적이고 비언어적인 경험들은 우리를 가치있게 느끼도록 만든다. 그리고 이러한 경험들은 온라인상에서는 일어나지 않는다.

우리는 온라인상에서 만남을 가지고 채팅을 할 수도 있다. 하지만 가상현실에서 관계만으로 가장 중요한 결정을 내리는 것은 위험하다. 인위성과 유혹성이 지배하는 광섬유로 되어 있는 통신망(fiber optic ether)에서는 정상적 필터가 존재하지 않는다. 우리는 다양한 환경 속에서 함께 있을 때의 느낌이 무엇인지 찾아내야 한다. 또한 우리 자신이나 친구가 별로 좋은 상태가 아닐 때, 친구가 우리와 함께 있는 것이 어떻게 느껴지는지 들려주는 단서들을 포착해야 한다. 이렇게 당신을 알아가는 과정은 시간이 걸리며 온라인에서는 가능하지 않은 종류의 경험이다. 사랑받고 있음을 느끼게 해 주는 관계는 스크린 앞에서 시작할 수는 있으나 오직 오프라인에서만 유지될 수 있다.

5장

너무 많은 생각 때문에 충분히 사랑하지 못한다.

사람들은 말을 배우기 시작한 순간부터 말하기를 멈추지 않는다-주로 자기자신에게. 우리는 밤낮으로 생각과 상상에 빠져서, 마음은 정지되어 있는 자신을 끊임없이 발견한다. 나이가 들고 삶이 바빠지고 복잡해짐에 따라 우리의 머릿속에서 재잘거리는 소리의 볼륨은 점점 더 높아지기만 한다. 이런 온갖 내적 소음과 산만함 때문에, 우리는 여기 그리고 지금(here and now)에 머무를 기회를 놓쳐 버린다. 그리고 우리의 초점이 현재에 있을 때만 일어날 수 있는, 기쁨을 주는 진정성 있는 경험을 놓치게 된다.

우리는 지나치게 서두르고 너무 많이 가지려 하기 때문에, 자주 감정과 완전히 결별한 채, 덜 강렬하고 덜 힘든 삶의 한 부분들을 깨닫지 못한다. 하고 있는 *것에* 너무 집중해서, *어떻게* 하고 있는지를 잊어버리게 된다. 우리는 습관적으로 더 많이 생각하고 덜 느낀다. 그러면서 서로서로 멀어질 뿐만 아니라 자기자신과도 분리된다. 역설적이게도, 우리는 멀티태스킹과 과도하게 열심히 일하는 것이 삶에 많은 조화를 가져온다고 믿고 있다. 현실에서는 그로 인해 매우 많은 스트레스를 받고 있음에도 말이다. 그렇게 살아간다면, 비유적으로 말하면(심지어 가끔은 말 그대로), 우리는 절벽 끝을 향해 달려가고 있는 것과 다름이 없다.

과로에 의한 사망

가로시(*Karoshi*, 과로사)는 일본에서 상당히 증가하는 문제이기 때문에, 이러한 현상을 예방하는 법안이 2014년 11월에 통과되었다. 〈가로시와 일의 윤리(*Karoshi and Ethic of work*)〉는 젊은 남편이자 아버지가 갑작스럽게 근무 중에 의식을 잃고 사망하는 이야기를 담고 있는 다큐멘터리 영화이다. 다른 가로시 희생자들처럼 죽음의 명백한 원인은 없다. 하지만 왜 건강한 29세 남자의 심장이 멈췄던 것일까?

일본과 전 세계적으로, 남편과 아버지는 초과 근무를 하고 가족을 부양하느라 엄청난 압박에 시달리는 경우가 많다. 다큐멘터리에는, 이 남자가 죽기 전에 찍은 짤막한 가족 홈비디오 장면이 나온다. 나는 이 영상을 보면서 장시간 노동과는 별개로 그의 죽음에 원인을 제공했다고 보여지는 어떤 것을 발견했다. 나는 큰 키에 잘 생기고 체격 좋은 한 남자가 홀로 생각에 몰두한 채 앉아 있는 장면을 보았다. 옆에 있는 아내와 아이는 필사적으로 그의 관심을 끌려고 하였다. 그는 너무나 지쳤고 생각에 빠져 있어서 어린 아들에게 거의 관심을 보이지 않았다. 하지만 아들은 분명히 그를 사랑했다. 그는 완전히 넋을 잃은 것처럼 보였고 감정과 분리되었으며 정신이 딴 데 가 있는 것처럼 보였다. 나는 그것이 그의 갑작스런 죽음에 원인을 제공했다고 믿는다.

건강하지 못한 정신적 습관은 압도적인 스트레스를 만들어 낼 수 있다.

생각은 우리를 고무시키고 상승시킨다. 마음은 창의적으로, 혹은 문제를 해결하는 데 사용될 때, 아름다운 것이다. 그러나 마음은 어떻게 활용하느냐에 따라 양날의 검이 될 수 있다. 마음은 우리가 성취해 나가고 포부를 품는 것을 돕기 위해 우리의 세계를 활짝 열어주는 놀라운 능력을 가지고 있다. 하지만 강박적으로 생각하기를 선택한다면-감정 인식을 둔감화시키는 지점까지-생각은 우리의 세계를 차단시키고 심지어 우리를 죽일 수도 있다.

인생을 멀리 있는 것에만 초점을 맞춘다면, 당신은 삶의 사회적/정서적 부분들과 분리될 것이다. 홀로 생각에 빠져 있으면, 당신은 자신에 관한 정보를 제공하는 생기있는 느낌들과 접촉이 끊어진 채 자기에게만 몰두하고 자기중심적인 사람이 되기 쉽다. 많은 사람들은 균형이 깨져 있는 상태에 굉장히 익숙해져 있기 때문에, 높은 수위의 스트레스도평상시와 다름없는 별 것 아닌 것으로 간주한다. 하지만 이것은 매우 심각한 영향을 낳을 수 있다.

우리의 머리에 머무는 것은
사랑받는 느낌을 차단시킬 수 있다.

항상 생각하고 있다면–항상 계획하고 전략을 짜고 멀티태스킹하고 또는 걱정한다면–스스로를 다른 사람들과 분리시키는 정신과정에 갇히게 된다. 홀로 생각에 빠져 있다면, 사랑받고 있다고 느끼게 해 줄 누군가의 얼굴표정을 보지 못하고 그들과 시선을 고정시킬 기회를 놓치게 된다. 우리는 그 순간에 우리와 함께 있는 것이 유일한 목적인 누군가와 사랑에 빠지는 경험을 잃어버리게 되는 것이다.

모든 것을 한꺼번에 하려고 하는 것의 위험성

많은 사람들이 경험해 본 것처럼, 살다보면 동시에 여러 가지 것들을 해야 할 때가 있다. 우리는 전문적이고 개인적인 영역 모두에서, 끊임없이 더 많이 해야 하고 더 많이 성취해야 할 것처럼 느낀다. 그리고 최상의 상태로 있기 위해 스스로를 돌봐야 하고 운동, 다이어트, 외모 같은 것들에 일정 시간과 생각을 쏟아야 한다. 또한 우리는 친구, 가족, 배우자, 자녀, 부모와도 함께하는 바쁜 삶을 살아가고 있다.

만일 너무 적은 시간에 이 모든 것들을 해야 한다면, 한 번에 여러 가지 것들을 성취하기 원하는 것은 이해할 만한 일이다. 배우자나 자녀와 진지한 이야기를 나누면서 운동을 하거나 저녁을 차릴 수도 있지 않을까? 여동생이나 제일 친한 친구와 전화통화를 하면서 온라인 쇼핑을 하거나 자녀를 학교에 데려다 줄 수도 있지 않을까? 그렇게 하면 우리는 스트레스를 느낄 것이고, 한 번에 너무 많은 일들을 하려고 하기 때문에 스트레스를 느낄지 모르겠다는 마음도 들 것이다. 하지만 다른 대안을 찾지 못하기 때문에 그대로 계속하게 된다.

만일 계속해서 생각과 계획에 빠져 있다면, 끊임없이 기반을 잃어가고 있다는 사실을 깨닫지 못할 것이다. 인생이 기쁨과 웰빙의 원천이기보다는 짐같이 느껴지기 시작했다는 것을 알아채지 못할 것이다. 우리는 멈추고 스스로에게 질문해야 한다. 한꺼번에 많은 일을 한다면 삶을 더 잘 활용하게 될까? 아니면 삶을 더 잘 활용하지 못하게 될까? 내가 무엇을 하고 있는지와 내가 얼마나 지쳤고 단절되었는지 간에는 관련성이 있을까?

대체로 멀티태스킹은 스스로 사랑받고 있다고 느끼고 타인들이 사랑받고 있다고 느끼게 해 주기 위해 우리에게 필요한 기반을 잃게 한다. 다음 이야기는 왜 더 많이 하면 결과적으로 덜 가지게 되는지에 대한 이유를 설명하고 있다.

더 많은 것을 했지만 더 적게 얻은 여인

조안나(Joanna)는 흠잡을 데 없는 완벽한 현대 여성이어서, 마치 저글링하듯이 한꺼번에 여러 가지를 처리하려고 노력했다. 예쁘고 매력적이고 성공했고 인기도 많은 그녀는 성실한 직업인이였고 아내였고 엄마였다. 그녀가 무엇이든 성취해 내는 유일한 방법은 멀티태스킹이었다; 한 가지 행동을 하면서, 그녀는 다른 것에 대해 생각하거나 계획을 짰다. 아이들이 어렸을 때,

그녀는 옷을 갈아입으면서 자신의 다음 활동을 생각했고, 남편과 산보를 하면서 저녁식사로 무엇을 만들지를 생각했고 가족들에게 굿나잇 인사를 하면서 다음날 아침 스케줄을 계획했다. 가족들이 그녀의 명석함과 열심에 감사하고 있을 때조차도, 가족들은 그녀가 다른 것에 몰두해 있음을 알 수 있었다. 하지만 그들이 놓쳤던 것은 자신들의 삶에 대한 강렬한 관심이었다.

동시에 여러 가지 일들을 하는 것은 조안나에게는 자연스러워 보였다; 이것은 그녀가 항상 해 왔던 바였다. 어렸을 때, 그녀는 슬프거나 기분이 안 좋으면 자신만의 상상 속으로 빠져들어 자신이 원하던 프로젝트와 일에 대한 계획을 짰었다. 자신의 상상 속에 산 덕분에 창의성을 키울 수 있었지만, 다른 이들과 함께하는 순간 속에 있거나 그들에게 면밀한 관심을 기울이는 기회는 별로 갖지 못했다.

그녀가 더 젊었을 때라면 그녀는 자신이 모든 것을 가졌다라고 당신에게 말할지도 모른다. 하지만 세월이 가면서 그녀는 그것이 진실인지 의문을 품기 시작했다. 아직도 모든 것을 가지고 있는가? 남편과의 관계는 편안하고 안정적이었지만, 그들을 서로 끌어당겼던 다정함과 흥분감은 더 이상 존재하지 않았다. 그는 그녀가 이끄는 대로 따라오다가, 일과 골프 같은 취미활동으로 빠져들었다. 자녀들도 어렸을 적에는 굉장히 촉망받았지만, 성장하면서 누구와도, 무엇에도 연결감을 잘 못 느끼는 의존적이고 불안한 성인이 되어 갔다. 조안나는 결국 이 모든 단절을 알아차리게 되었다. 그녀는 남편과 공유했던 감정을 그리워했고, 자녀에 대한 죄책감이 들었다. 그녀는 자신이 아주 오랫동안 아주 열심히 일을 했음에도 불구하고, 어떻게 이런 일이 발생했는지 자문하였다.

더 많이 하는 것은 덜 채우는 것과 같을 수 있다.

멀티태스킹은, 우리 삶을 더 쉽게 만들기는커녕, 우리를 스트레스에 압도되게 하는 원인으로 작용한다. 과학자들은 멀티태스킹을 하는 사람들이 초점을 맞추고 관련없는 정보를 차단시키는 일에 많은 어려움을 겪고 있으며, 실제로 스트레스를 더 많이 겪고 있다고 말한다. 심지어 멀티태스킹이 끝난 후에도 조각조각 난 생각들과 집중력 부족 현상은 계속된다. 우리는 한 번에 한 가지 이상 무언가를 하면서–또는 무언가를 하는 것에 대해 생각하면서–깨어있는 시간들을 보내기 때문에, 우리의 스트레스 무게는 점점 더 늘어난다.

물론, 많은 인생의 가능성들을 탐구하고 많은 일들을 하는 것이 잘못은 아니다. 문제는, 다른 일들(예, 사람들과 연결하는 것)을 하는 동안에도, 전적으로 자신의 생각에만 초점을 맞추고 있다는 데 있다. 당신은 달리기를 하면서 음악을 들을 수 있다. 치과 치료를 받는 동안, 흥미진진한 휴가 계획을 세우는 것은 좋은 생각이다. 그러나 만일 어떤 사람과 상호작용을 하면서 동시에 이메일을 확인하고 주말 계획을 세운다면, 진정한 정서적 연결을 이룰 수 없을 것이다. 멀티태스킹과 그것이 촉발시키는 스트레스는, 정서적인 상태를 유지하고 자기인식을 하기 위해 필요한 우리 자신의 부분들로부터 멀어지게 한다.

스트레스를 이완하기 위해 우리가 하는 것들

더 나아 보이고 더 흥미진진하게 보이려고 바쁘고 강렬한 삶을 살아가는 세상 속에서는, 이완을 위해 우리가 하는 많은 것들이 더 많은 스트레스를 만들어 낸다. 몇 시간 동안 TV를 보는 것, 밤새 안 자고 파티를 하는 것, 액션 영화나 록 콘서트를 보러 가는 것, 우리가 할 수 있는 만큼 하룻밤에 많은 이벤트를 하는 것은, 즐거움과 흥미로움으로 우리의 마음을 사로잡을 수 있다. 하지만 그것들은 스트레스를 줄여 주기보다 가중시킨다. 흥밋거리와 빠른 오락에 몰두한다면, 쉬려는 시도였음에도 불구하고 오히려 많은 사람들이 소진되고 압도된다. 그리고 이것은 악순환을 만든다. 우리는 쉬려고 노력하지만 사고를 가라앉힐 수 없으며, 그로 인해 더 많은 그 이상의 흥밋거리를 갈망하게 된다.

항상 우리 생각 속에 존재하는 것과 존재하지 않는 것

우리는 느끼면서 태어났다. 생각하면서 태어난 것이 아니다. 아이는 성인 세계와 더 빨리 소통하기 위해 말을 배운다. 이 습관은 평생 동안 지속된다; 우리는 말로 빨리 소통할 수 있다는 것을 안다. 하지만 반드시 효과적으로 소통하는 것은 아니다. 삶이 가속화됨에 따라, 우리가 느끼는 것에 덜 집중하기 쉽다. 생각에 대한 인식은 감정에 대한 인식을 잠재운다. 우리는 더 많이 생각하고 덜 느낀다. 무엇이 일어나고 있는지(현재)보다 무엇이 일어났는지(과거) 또는 일어날 것 같은지(미래)에 더 초점을 맞추고 있다. 우리가 이렇게 하면 할수록, 순간순간의 경험을 덜 알아차리게 된다. 이처럼 머리만 쓰는 관점을 가진다면 빠른 속도로 진행되고 북적거리고 빡빡한 삶을 통제하기란 쉽지 않다.

머리뿐 아니라 마음의 경험에 반응함으로써, 우리는 더 많이 성취할 수 있고 더 충만해질 수 있다. 다음의 라티샤(Latisha) 이야기가 보여주는 것처럼 말이다.

한 번에 한 가지씩, 하지만 많은 일을 하는 여자

라티샤(Latisha)는 장시간 근무를 해야 하는 힘든 직업을 가졌다. 그녀에게는 남편과, 두 자녀, 그리고 어쩌면 목숨을 위협할 수 있는 질병도 있었다. 이러한 부담에도 불구하고, 라티샤는 자신의 행보에 에너지를 채우고 얼굴에 미소를 머금고 일을 했고 사람들을 만났다. 압도되지 않고 어떻게 그녀는 그렇게 많은 일을 했을까?

만약 라티샤에게 비결이 있었다면, 그것은 바로 그녀가 한 번에 한 가지 일씩 하고 그 일을 열정적으로 했다는 것이다. 그녀는 자신의 직업을 사랑했는데, 그 일은 어려움에 처한 아이들의 삶을 변화시킬 기회이기 때문이었다. 근무 중에는 그 아이들에게 모든 관심을 쏟았다. 집에 오면 그녀의 관심대상은 온통 남편과 두 자녀였다.

라티샤의 시간관리 비결은 터무니없이 간단해 보였다. 한 가지 일을 하고 있을 때면, 그녀는 다른 일을 계획하지 않았다. 라티샤는 생각이 깊고 똑똑했지만, 필요한 요구가 없다면 자신의 생각에 푹 빠져들지 않았다. 그녀는 자신에게 무엇이 요구되고 무슨 일을 해야 할 지를 이해하는 데, 심장과 머리를 썼다. 함께 있는 사람들에게 초점을 맞춤으로써 그녀가 그들을 얼마나 많이 신경쓰고, 무엇이든 해 주고 싶어하는지를 알게 해 줬다.

자신을 힘들게 하는 사람들과 함께 할 때는, 라티샤는 평온을 위한 기도(Serenity Prayer)에 의존했다. "이것은 내가 바꿀 수 있는 것인가, 없는 것인가?"라고 그녀는 스스로에게 물었다. 그녀가 바꿀 수 있는 힘을 가지지 못한 상황이라면, 자신이 영향력을 끼칠 수 있는 것으로 이동했다. (평온을 위한 기도 : 하나님은 저에게 제가 바꿀 수 없는 것을 받아들이는 평온함을 허락하셨습니다; 제가 바꿀 수 있는 것은 바꿀 수 있는 용기도 주셨고, 그리고 그 차이를 알 수 있는 지혜도 주셨습니다.) 라티샤는 자신이 어떻게 할 수 없는 사람이나 상황에는 시간 낭비를 거의 하지 않았다.

라티샤는 한 번에 하나의 역할에만 집중함으로써, 삶의 많은 역할들을 훌륭히 해냈다. 그녀는 가장 중요한 것이 무엇인지 알고 있기 때문에 자신의 에너지를 보존할 수 있었다. 또한 그녀는 스스로를 진정시키고 달래주는 방식으로 휴식을 취할 필요가 있다는 것도 알고 있었다. 폭력으로 가득찬 최신 액션 영화를 보러가는 대신에, 그녀는 혼자 또는 가족들과 함께 공원에 달리기를 하러 갔다. 하고 있는 일뿐만 아니라 자신의 감정에도 집중함으로써, 라티샤는 건강과 웰빙을 보호하면서 충만하고 행복한 삶을 즐겼다.

외로움으로 향하기

관계의 토대는 그때그때 발생하는 상황에 맞게 타인과 연결고리를 만드는 데 있다. 만일 관계를 유지하고 싶은 마음이 있다면, 우리는 관계를 벗어나고 싶어하지 않는다.

생각은 고독한 과정이다. 우리는 다른 사람과 생각을 나눌 수 있다. 하지만 깊은 생각에 빠져 있을 때는 다른 사람에게 집중할 수 없다. 왜냐하면 우리는 내적인 어떤 것에 사로잡혀 있음을 감출 수 없기 때문이다. 우리의 얼굴 표정, 목소리 톤, 움직이는 방식은 우리가 진정으로 그들과 함께 있는지, 아니면 자기 생각에 빠져서 대부분 홀로 있는지를 말해 준다. 당신이 잘 알지 못하는 지인과 시간을 보내는 동안 당신 자신에게만 사로잡혀 있다면, 아마 상대방은 자신이 본 것을 말하지는 않을 테지만 확실히 그렇게 느낄 것이다. 비록 당신이 배우자나 친한 친구와 함께 있을지라도 만약 당신이 생각에 빠져있거나 끊임없이 핸드폰을 확인하는 것을 그들이 본다면, 그들은 당신과의 연결이 끊겼다고 느낄 것이다.

자기도취는 타인에 대한 우리의 인식을 막는다.

우리가 생각에 몰두해 있다면, 상대방에게 가장 중요한 것이 무엇인지 알려주는 미묘한 단서들을 번번이 놓치게 된다. 우리는 "난 괜찮아"라는 친구의 말과 그의 괴로워하는 얼굴 또는 바디랭귀지 사이의 모순을 깨닫지 못한다. 배우자가 "응, 회사생활 다 좋아."라고 말할 때 그 목소리 속에 담긴 아픔을 놓치게 된다. 10대 아이가 파티에 초대받지 못했을 때 그의 얼굴에 역력한 실망을 우리는 깨닫지 못한다. 생각에 빠져 있을 때, 우리는 상대방이 무엇을 느끼는지를 이해하고, 서로가 사랑받고 있다고 느끼게 해 주는 지금 이 순간을 놓치게 된다.

우리의 아름다운 마음은 보물이다. 하지만 마음은 우리의 건강을 악화시킬 수도 있고 우리를 사람들로부터 소외시킬 수도 있다. 우리에게 가장 큰 신체적, 정서적 문제를 일으키는 마음의 습관 중 하나는 바로 걱정이다.

걱정은 잘못된 곳에서 대답과 보호를 찾는다.

우리를 자극적이고 놀랄 만한 기회들에 끈질기게 노출시키는 미디어 덕에, 걱정은 실제로 전 세계인이 시간을 보내는 방법이 되었다. 사실 걱정은 너무 흔하게 일어나서 마치 유전이 아닌가 생각하는 사람도 있을 것이다. 하지만 그렇지 않다. 가족들은 한 세대에서 다음 세대로 DNA가 아닌, 본보기를 통해 걱정하는 습관을 물려준다. 당신의 부모가 미간을 찡그리거나 철회해 있거나 깊이 생각에 빠져 있는 모습을 보면서 자랐다면, 당신은 이런 메시지를 받았을 것이다. 상황이 좋지 않을 때 그것에 대해서 더 열심히 생각하라.

걱정하기는 문제를 해결하는 방법, 실수를 피하는 방법, 놀람을 피하는 방법, 책임지는 방법인 것처럼 보인다. 걱정하기가 적절한 해결책이란 증거는 거의 없다. 하지만 걱정하는 습관은 너무나 익숙해서 쉽게 하게 된다. 마크(Mark)의 이야기가 보여주듯이, 상대방이 사랑받고 있다고 느끼게 만들어 주는 능력을 정지시키는 방법이, 바로 걱정이라는 사실을 아는 사람은 거의 없다.

통제력을 지키려고 걱정했던 남자

마크(Mark)는 줄리아(Julia)와 결혼하면서 서로에 대한 사랑이 평생 지속될 것이라고 기대했지만 불행하게도 그러지 못했다. 두 딸이 태어나고 부부가 각자 양육에 노력했음에도 불구하고 그들은 멀어지게 되었다. 결혼한 지

15년 만에 마크는 줄리아가 바람을 피우고 있다는 사실을 알았다. 가정을 깨기보다는 마크는 줄리아를 용서하고 다시 결혼생활을 새롭게 하기로 결심했다. 하지만 줄리아와 십대 자녀들과의 관계는 끊임없이 다투는 전쟁터처럼 되었고, 줄리아의 두 번째 불륜행위를 알았을 때, 그는 이혼 소송을 냈다. 줄리아는 이혼 소송에 이의를 제기했고 마크의 주장에 반대했으며, 그를 가능한 한 비참하게 만들기 위해 계속 변호사를 고용했다. 그의 어떤 말과 행위도 그녀의 분노를 가라앉힐 수가 없었다. 화가 난 그녀의 소송병이 도질수록, 마크는 더욱더 자신만의 생각 속에서 피난처를 찾았다. 삶이 더 불확실해질수록 그는 더욱더 걱정을 했다.

어렸을 때 마크는 많은 시간을 자기 방에서 혼자 공상을 하면서 보냈다. 괴로운 일이 생기면 그는 안전한 공간처럼 보이는 곳으로 물러섰다. 상심한 마음을 실제로 느끼는 것보다는 일어났던 일에 대해 생각하고 그 이유에 대해 이론화하는 것이 더 맘이 편했다. 그가 무슨 짓을 했기에 줄리아에게서 그렇게 많은 분노를 끌어냈는가? 왜 그녀는 그가 그들이 함께하는 삶으로 다시 돌아가게 하기 위해 얼마나 노력했는지 보지 못하는 걸까? 그의 삶이 다시 정상으로 돌아올 수 있을까? 통제가 안 된다고 느낄수록 마크는 걱정스럽게 문제를 해결하고 계획하고 전략을 수립함으로써 통제력을 발휘하려고 노력했다.

마크는 자녀들에게 벌어지고 있는 일에 대해 걱정을 했다. 살림살이도 걱정했고, 만약 줄리아가 그의 돈을 모두 가져가 버리면 자신에게 무슨 일이 일어날지도 걱정했다. 그는 우려스러운 가능성을 생각하면 할수록 더욱더 스트레스를 받았다. 걱정과 그에 수반되는 불면증이 마크를 기진맥진하게 만들었고 명쾌하고 건설적으로 사고하는 능력을 흐리게 했다. 그의 배려심이 줄어들자 아이들은 더 힘들어 했고, 아이들과 친밀했던 관계는 점차 흐트러져 갔다.

일련의 잘못된 결정을 내리면서 마크가 가장 두려워했던 일이 벌어지기 시작했다. 과거에는 아이들과의 의견 차이를 성공적으로 해결하는 데 도움이 되는 인내심과 마음의 평정을 지녔었다. 이제는 지치고 두려워서, 그는 아이들의 관점을 이해하기 위해 자신의 관점을 제쳐놓을 수가 없었다. 마크는 자신에게 중요했던 모든 것을 잃어가고 있는 듯이 보였다.

물론 생각을 하면서 홀로 시간을 보내는 것이 잘못됐다는 것은 아니다. 가장 위대한 인간은 이런 방식으로 인간 역사의 가장 위대한 성취를 이뤄내기도 했다. 하지만 생각의 질은 우리가 무엇을 느끼고 느끼지 않느냐에 의해 구체화된다. 무언가에 대한 흥분이 촉발시킨 생각은 두려움이 낳은 생각과는 많은 차이가 있는 결과물을 생산해 낸다. 만일 우리가 무언가에 흥분되고 행복하기 때문에 그 과제를 한다면 아마도 우리의 경험은 긍정적일 것이다. 불안하고 걱정할 때, 성공의 가능성은 훨씬 더 줄어든다.

걱정은 뇌를 바꾼다.

경험은 뇌를 바꾼다. 이 경험에는 우리가 생각으로 창조해 내는 내적 경험들도 포함된다. 뇌의 관점에서 보면, 내적 경험에의 집중은 외적 경험에의 집중만큼 또는 그보다 더한 영향력을 지닌다. 좋아하지 않는 느낌을 피해 생각에 빠질 때 생기는 불안과 증가된 스트레스는, 우리의 사고과정을 결정한다. 똑같은 불쾌한 일을 머릿속으로 반복해서 검토하는 것은 압도적인 스트레스를 가져오는 소진 경험이다. 걱정하기는 스트레스가 많은 일이다. 그것은 우리가 현명하게 생각하지 못하게, 또 잘 생각하지 못하게 하는 상황을 만들어 낸다. 가차없는 불안과 수면부족은 우리를 화나게 하고 고립시키며 완전히 정지시킬 수도 있다.

만일 삶과 죽음의 문제가 아니라면, 두려운 상태에서 내린 결정은 거의 좋은 결정이 아니다. 대부분의 결정은 싸우거나 도망가는 문제에 대한 것이 아니라 단지 우리의 삶을 꾸려나가게 돕는 문제에 대한 것이다. 우리의 목표가 인생을 더 낫게 만드는 것이라면, 걱정은 우리가 필요로 하는 것을 얻는 데 방해가 된다.

하지만 부정적 사고 습관은 걱정과 멀티태스킹에만 국한되지 않는다. 미리 결정하거나 상황이나 사람에 대해 미리 판단하는 것은 사랑받음을 느끼려는 욕구에 방해가 되는 또 다른 장애물이다.

마음속에서 만들어진 것

고독(solitude)은 많은 사람들이 즐기는 선택이다. 하지만 외로움(loneliness)은 아니다. 타인들과 연결감을 느끼지 못하는 세상은 불안정하고 비우호적인 곳이다. 비록 우리 스스로가 단절을 만들 때라도 마찬가지다. 대부분의 사람들은 다른 사람과 상호작용하면서도 자신의 생각 안에 머무름으로써 소외감과 단절감이라는 내적 세상을 만들어 낸다. 생각에 빠져 있으면서 귀기울이려고 시도한다면, 단지 자신에게만 귀기울이게 된다.

만일 자신의 멜로디에만 귀기울인다면 잘못 조율할 수 있다.

우리 자신의 생각으로만 구성된 세상에서, 우리의 추론은 도전받지 않는다. 친숙한 것을 붙들고 있으려는 욕망은 우리의 관점을 좁히고 선입견에 매달리게 한다. 혼자서 하는 경우, 잘 알고 있고 당연하며 쉽고 논의의 여지가 없는 생각과 의견의 토대를 만들어 낸다. 그렇게 되면, 익숙한 것에 대한 욕구는 우리를 바보의 길로 추락시킬 수 있다. 예를 들어, 만일 내가 특정한 방식으로 옷을 입거나 행동하는 사람들에만 관심을 가진다면, 다른 방식의 사람들을 알아가고 좋아하게 될 많은 기회들을 놓치게 될 것이다. 알기 편한 것만 경직되게 고수하는 것은 우리를 불완전한 사색가로 바꾸어 놓을 수 있다. 이제 우리는 독단적 사고, 즉 경험하기에 앞서 미리 결정하는 방식을 쉽게 취하게 된다. 새로운 사람/아이디어/선택/가능성에 대해 열린 마음이 없다면, 자기 의견의 회전문에 걸려서 계속 쳇바퀴 도는 모습과 다를 바 없다.

왜 우리는 머릿속에 갇혀 있는가

마음의 나쁜 습관들은 많은 이유에서 시작된다. 우리의 성장과정에서 주위 사람들이 자기 생각에 사로잡히고 사전에 미리 결정했다면, 우리는 마음속으로 물러나는 본보기를 배웠을 가능성이 높다. 또한 우리는 교육적 경험을 통해, 학습은 고독하고 내적인 경험이라는 믿음을 격려받았을 수 있다. 변화에의 저항은, 우리가 머릿속에 머무르는 또 다른 이유이다.

빠른 변화는 현대적 삶에서 보편적이다. 우리 인생의 큰 부분뿐만 아니라 작은 부분도 자주 변화한다. 예를 들어, 과학기기에 점점 익숙해짐에 따라 삶도 변화해 간다. 마찬가지로 우리가 좋아하는 가게, 브랜드, 식단도 변화해 간다. 익숙한 것을 잃어버리면, 우리는 제한된 생각 안에서 지킬 수 있는 것을 찾으려고 한다. 우리는 안전하다고 가정하는 정신적 과정 내에서 우리가 선택한 세상–변화할 필요가 없는 세상–을 구성해 간다. 인생이 점차 예측불가능해지면서, 우리의 생각은 익숙한 것과 연결해 주는 생명선 역할을 하게 된다. 하지만 우리가 전적으로 생각에 너무 많은 시간을 쓰게 되면, 사랑받는 느낌의 기회뿐 아니라 다른 경험, 아이디어, 사람을 발견할 기회를 놓치게 된다.

우리가 할 수 있는 전부가 생각하는 것 뿐이라면, 우리는 정말 현명한가?

지능은 단순히 생각의 문제인가? 명백히 그렇지 않다. 점점 더 많은 연구들에서 지능을 단지 생각 이상의 것으로 보고 있다. 지능지수(Intelligence Quotient; IQ)와 더불어 효과적으로 생각하는 능력은 좋은 사회적 · 정서적 선택, 또는 정서지능(Emotional Intelligence)에 달려 있는 것이다.

과연 느낌을 회피하는 것이 현명한가?

머리에만 의존해 살아가게 되면, 우리는 지적인 부분과는 연결할 수 있으나 그것만큼 중요한 다른 부분과는 연결할 수 없다. 그 어떤 것도 완벽한 추상은 없기 때문에, 결정을 내리는 데 사고만을 활용하는 것은 결코 최선이 될 수 없다. 가장 지적이기 위해서는 추론뿐 아니라 뇌의 정서적 부분과 연결해야 한다.

우리는 좋은 계획과 전략을 짜는 것이 원하는 모든 것을 얻는 데 필요한 전부라는 착각에 빠질 수 있다. 일어날 성 싶지 않은 일을 고려할 필요가 없는 삶이, 잘 계획된 삶이라고 상상할 수 있다; 놀랄 것 없는 삶을 그려낼 수도 있다. 하지만 벌어지는 상황에 대해 한정적 시야를 가진 지적 세계에 머물러야만 이렇게 할 수 있다. 아래 이야기에 나오는 제리(Jerry)와 같은 사람들은 삶을 살기도 전에–재앙적인 결말을 가진–삶 전체를 계획한다.

사랑을 위해 마음속에 갇히다.

제리(Jerry)는 매우 똑똑한 남자이다. 1등으로 고등학교를 졸업했고 권위 있는 대학의 화학과에서 장학금을 받았다. 이민가정의 외동으로서, 그는 많은 시간을 혼자 생각하면서 보냈다. 제리는 분석하고 계획하는 자신의 능력이 좋은 결정을 내리는 데 필요한 전부라고 믿었다. 그래서 그가 의존했던 것은 그것들이 전부였다.

제리는 삶에서 경력 결정과 배우자 선택을 포함한 가장 중요한 결정을 미리 계획하였다. 예를 들어, 제리는 화학을 가장 좋아했지만, 의학으로 전공을 바꾸었다. 왜냐하면, 의사가 되는 것이 더 많은 권력과 돈을 가진다고 생각했기 때문이다. 유사하게, 그는 동네친구인 웬디(Wendy)라는 젊은 여성을 사랑했다. 그녀와 그는 서로를 좋아했지만, 그녀는 그가 생각한 계획에 맞지 않았다. 대신 제리는 샤론(Shron)이란 여자를 생각했다. 그녀는 제리가 결혼상대자로 그렸던 육감적이고 유머있는 여성상에 맞았다. 또한 그는 샤론이 자신의 팔짱을 끼고 있을 때, 질투하는 남성들의 시선을 즐겼다.

제리는 자신이 샤론에 대해 어떻게 느끼는지 혹은 그녀가 자신에 대해 어떻게 느끼는지에 대해 깊게 생각하지 않았다. 샤론은 그를 좋아하는 것처럼 보였다. 그녀는 매우 지적이었다. 그는 똑똑한 자식을 낳을 것이라고 생각했다. 그래서 그녀에게 청혼했다. 그녀는 허락했고 제리는 매우 기뻤다.

그러나 의대 3년차 쯤, 제리는 자신이 의사가 되는 것을 진정으로 좋아하지 않는다는 것을 갑자기 깨닫게 되었다. 그리고 자신의 전공을 정신과로 바꾸었으나 정신과에서도 그다지 행복감을 느끼지 못했다. 또한 샤론과의 결혼은 기대처럼 되지 못했다. 샤론과 데이트를 할 때, 그녀의 자유로운 영혼은 그녀를 현대적 여성으로 보이게 했다. 하지만 결혼 후, 그녀의 많은 흥미들은 경솔한 것이고 그녀의 행동은 통제불능임을 알게 되었다. 제리는 샤론을 자제시키려고 애썼지만 그 행동은 그녀를 화나게만 만들었다. 그들은 부부상담을 했으나 도움이 되지 못했다. 제리는 문제를 기꺼이 이야기하려 했지만, 자신의 지적인 경계를 내려놓지 않았고 샤론의 정서적 요구를 공감하려 하지 않았다. 결국 그들은 이혼했다.

현명해지기 위해서는 불확실성을 유지해야 한다.

계획 세우기와 전략짜기의 가장 큰 문제점은, 특히 정서를 고려하지 않을 때, 그 과정 자체에 불가피하게 결점이 생긴다는 것이다. 자기 생각에만 파묻혀 있다면 실제로 어떻게 느끼는지를 알려주는 경험으로부터 차단된다. 지적인 추론은 할 수 있을 것이다. 하지만 그뿐이다. 게다가 생각에 깊이 빠져 있다면 우리가 사랑받고 있다고 말해 주는 타인들의 정서적 메시지를 받을 수 없다. 우리 역시 그들에게 사랑받는 느낌을 전달해 주는 연결감을 제공할 수 없을 것이다.

특정 목적으로 생각하지 않거나 가장 적게 기대할 때, 얄궂게도 가장 중요한 생각이 종종 떠오른다. 꿈에서 나타나거나, 샤워할 때, 암벽등반할 때, 별을 바라보면서 풀밭에 누워있을 때 떠오른다. 가장 중요한 생각은 우리를 찾아온다; 우리가 찾아갈 필요가 없다. 우리가 평온하고 집중하고 안전하고 휴식을 취하고 생각하는 것만큼 느끼는 것을 충분히 지각하고 있을 때, 최고의 생각이 찾아온다.

3부

스트레스를 사랑으로 대체하는 도구

당신의 욕구를 억압하고지 스스로 만들어 낸 장애물을 깨닫고, 사랑받음을 느끼기 위해 당신이 원하는 경험의 유형을 정의하기만 한다면, 당신은 변화할 준비가 된 것이다. 그리고 행동의 변화가 가능하다. 왜냐하면, 이미 알고 있듯이, 우리의 뇌는 일생동안 더 나은 것을 향한 변화가 가능하기 때문이다. 또한 우리는 뇌의 변화가 어떻게 발생하는지를 안다: 새로운 학습은 오랜 기간에 걸쳐 일관적인 연습을 통해 이루어진다.

이것을 염두에 둔다면, 당신은 스트레스에 압도될 때조차 사랑받는다고 느끼게 해 주는 새로운 기술을 획득하는 바로 그 순간에 있는 것이다. 두려움과 본능이 사랑받는 느낌의 가능성을 망가뜨리는 사건이 되지 않도록, 위협적인 경험으로부터 스스로를 지킬 수 있을 만큼 당신은 충분히 강력한 기술을 배울 준비가 되어 있다.

이 책의 3부는 사랑으로 스트레스를 대체할 때 필요한 기술을 우선적으로 살펴본다. 이 기술들은 신생아가 자신의 주 양육자와 안전하고 연결된 관계를 가졌을 때 나타나는 뇌 발달을 본보기로 삼고 있다. 3부에서는 이 기술을 학습하기 위한 단계적 과정을 담고 있는 도구세트도 안내할 것이다.

6장

순간적 스트레스를 관리하기

이미 앞장에서 다루었듯이, 스트레스는 우리가 사랑받는다고 느끼지 못하는 이유, 또는 우리가 사랑하는 사람들에게 사랑받는다고 느끼게 해 주지 못하는 이유와 상당히 관련된다. 체온과 같은 방식으로 스트레스를 생각해 보라. 체온과 스트레스는 신체의 균형수준을 나타낸다. 최상의 상태를 느끼고 유지하려면, 각각은 너무 높거나 너무 낮으면 안 된다. 우리는 스트레스의 기능적 범위나 "행복지대"의 밖에 있을 때, 지혜로운 결정을 내리고 도전적 과제를 해결하고 타인과 의미있는 연결을 하기 어렵다.

우리가 직면하는 위협이 대체로 외부적인 것일 때는, 스트레스 균형수준을 쉽게 깨달을 수 있다. 그러나 우리가 살고 있는 세상은 당면한 위험의 *실재*보다 위험과 불안에 대한 *지각*과 더 많이 관련되어 있다.

안전에 대한 위협은 외부에서 오기도 하지만 내부에서도 온다.

우리의 신경계는 지난 100,000년 이상에 걸쳐 발달해 왔다. 원시시대 인류는 야생에서 살았다. 그곳은 굶주림, 노출, 포식자에 의해 위협받았다. 위험은 당면한 것이었지만 늘 실재하지는 않았다. 그와 같은 세상에서, 우리의 신경계는 잘 기능했다. 임박한 위험에 직면해서 우리는 본능적으로 싸우거나 생명을 보전하기 위해 도망치거나 죽은 척 했다. 이러한 전략은 인류의 삶이 유지될 수 있도록 충분한 시간을 만들어 주었다. 그러나 오늘날 우리는 매우 다른 세상을 산다. 우리를 위협하는 것은 반드시 급박한 것도 아니고 신체적 웰빙을 위협하지도 않는다.

지금 우리가 직면한 스트레스의 원인은 외부적이기보다 내부적이다. 하루종일 일과 개인의 삶과 관련한 어려움은 정기적으로 스트레스의 불균형을 만들어 낸다. 현대인이 하루종일 경험하는 스트레스의 원인은 즉각적이고 생명을 위협하기보다는, 주로 알려지지 않은 채 심리적으로 위협적인 변화에 대응하는 반응이다. 거짓말이 앞서는 것, 할 수 있는 것 또는 할 수 있었던 것, 잃어버린 것, 숨기지 않을 수 있었던 것은 모두 생각이다. 그 생각은 우리의 생명보다 정신에 더 큰 위협이 된다.

현대인의 삶 역시 재해로부터 자유롭지 않다. 그러나 전반적으로 우리는 재해를 처리하기보다 예상하면서 산다. 인간의 스트레스 반응의 특징을 이루는 두려움의 예상을 우리는 불안이라고 한다. 그리고 이것은 두려움 그 자체만큼이나 스트레스의 원인이 된다. 불안은 우리의 삶을 아수라장으로 만들 수 있는 일반적인 정서적 스트레스인 것이다.

너무 많아도 너무 적어도 스트레스는 우리의 관계를 손상시킨다.

스트레스의 역할이 생명을 보전하는 것임에도 불구하고, 현대 생활의 복잡성은 우리가 스트레스에 반응하는 방식과 감내할 수 있는 스트레스의 양을 변화시켰다. 현대인의 멀티태스킹과 스마폰 사용은, 우리가 언제나 대기상태로 있고 언제나 연결되고 반응한다는 의미를 담고 있다. 끊임없이, 우리는 자동적 반응을 촉발하는 수백 개의 사소한 일상의 스트레스 원인을 허용하고 있는 셈이다. 사실 그 자동적 반응이란 우리 삶에 언제 닥칠지 모를 즉각적인 위협을 위해 보존해 둔 것이었다. 그렇다. 우리가 일상에서 직면하는 일부 스트레스 원인은 심리적 · 정서적 위협이지만 생명을 위협하지는 않는다. 우리의 신경계는 지금 혼란스럽고 너무 많은 건강하지 못한 스트레스 때문에 균형을 잃었다. 그리고 스트레스에 대한 신체의 자연스럽고 반사적인 반응은 이러한 덜 즉각적인 위협들에 그다지 적절하지 않다. 예를 들어, 싸움, 도망, 마비 반응은 당신의 사장이나 배우자가 보낸 절박한 문자에 대한 반응으로 적절하지 않다. 실제로, 이러한 자동적 반응은 사랑받는다고 느끼는 능력과, 상대방을 사랑받는다고 느끼게 만들어 주는 능력도 종종 멈추게 한다.

스트레스 원인에 대한 반사 반응을 인지하는 것이 중요하다. 그러나 만약 건강한 스트레스가 실제로 어떤 느낌인지 깨닫지 못하다면, 당신은 이를 해낼 수 없을 것이다. 스트레스가 건강하고 수용할 만한 범위 안에 있다면, 당신은 에너지가 넘치고 기민하고 집중할 수 있고 평온하고 편안하다. 나는 이러한 바람직한 스트레스 영역을 "E-지대"라고 부른다. 우리는 이 지대 안에 있을 때, 에너지가 넘치고 능률적이며 걱정이 없다. 그러나 우리가 위협감을 느끼면, 이러한 안정적인 E-지대 스트레스 영역과의 연결은 끊어진다. 비록 이론적인 설명이기는 하지만, 우리는 E-지대에서 벗어나 상처만 가득하고 자기패배적인 행동의 위험에 처하게 된다. 다음은 이에 관련된 이야기이다.

자신의 E-지대에서 벗어나 스트레스로 고통 받는 사람

레이(Ray)와 **드니스(Denis)**는 결혼하기 전, 서로를 경청하고 이야기하면서 많은 시간을 보냈다. 레이에게 완전히 집중해 주는 드니스의 능력을 보고 레이는 첫눈에 반해 버렸다; 그는 자신의 느낌을 그토록 열정적으로 이해하는 사람을 이제껏 만나지 못했다. 그녀가 더 경청할수록, 그는 더 깊게 사랑에 빠졌다. 결혼 후 1년 동안, 그들은 행복했고 평안했다. 그러나 직장의 스트레스 원인과 가족이 불어나면서 생긴 할 일들은 그들의 삶에 스트레스를 가중시켰다. 도전적인 일과로 진이 빠진 그들은 상대방이 자신을 돌봐주길 원했으나, 그러기에는 둘 다 너무 기진맥진해 있었다. 이 상실이 그들 관계의 매우 중요한 부분을 막아버렸다. 그리고 그들의 삶에 더 많은 스트레스를 가중시켰다. 더 많은 편안함을 느끼기 위해, 레이는 퇴근 후 집에 가기 전에 술집에서 술을 마시면서 이야기를 나누었다. 드니스는 너무 많이 화가 났고 거리를 두었으며, 레이를 봐도 거의 말을 하지 않았다.

안젤라(Angela)는 매력적이고 재능있는 무용수이지만 취업하기 어려워 보였다. 그녀는 몇 번이고 계속해서 자신에게 맞을 것이라고 믿는 역할을 따내려고 시도했다. 면접실을 나올 때는, 오디션을 잘 봐서 기분이 좋았고 안무가가 감동받았을 것이라고 생각했다. 그러나 그녀는 한 번도 합격전화를 받지 못했다. 서른 살이 되었을 때, 그녀는 이제 무용을 하기에 너무 나이가 많다고 친구와 가족들에게 말했다. 그러나 나이가 문제가 아니었다. 안젤라는 남들이 오디션을 볼 때조차 쉴 새 없이 이야기하면서 자신의 수행불안에 대처했다. 당연히 이 행동은 안무가와 다른 무용수들을 화나게 했다. 불안으로 인한 그녀의 쉴 새 없는 수다가 타인을 분노하게 만들었고 그녀의 재능을 간과하게 했다.

코니(Connie)는 릭(Rick)을 만났을 때 매우 기뻤다. 릭은 자신과 마찬가지로 홀로 열심히 아이를 키우고 있었다. 그 둘은 가치관이 같았고 동일한 취미를 즐기는 등 공통점이 매우 많은 것처럼 보였다. 릭이 코니를 가족모임에 초대했을 때, 코니는 매우 기쁜 동시에 매우 불안했다. 코니는 릭이 그의 어머니와 매우 가깝다는 것을 알았다. 코니는 편안하고 좋은 인상을 만들고 싶었다. 평안해지기 위해 코니는 파티 전에 술을 마셨다. 자신의 불안을 잠재우기 위해, 저녁식사를 하면서 몇 잔 더 마셨다. 그러나 릭의 어머니라는 위협적 실재를 대처하기 위한 이런 식의 방법은 문제를 더 악화시켰다. 코니는 평소 술을 잘 마시지 않았기 때문에, 쉽게 취해 버렸다. 릭의 어머니는 코니가 알코올중독자라고 생각했고, 릭에게 코니와의 관계를 재고하라고 경고했다.

많은 사람들은 스스로를 자동적으로 불안정에 빠뜨리는 정서적·

심리적 스트레스 원인을 잘 인식하지 못한다. 생명을 위협하지는 않지만, 스트레스는 우리의 에너지를 소진시키고 사고를 흐리멍텅하게 하며, 만족스런 관계를 갖기 어렵게 만드는 데도 말이다.

성공적인 관계를 위해서 E-지대 안에 머물러야 한다.

화나거나 말이없거나 거리를 두고 있다면, 우리는 잘 소통하거나 배려하며 행동하거나 분명하게 사고할 수 있는 상태가 아닌 것이다. 또한 생존 모델에서 보았듯이, 우리는 자신의 삶에 오직 미미한 영향을 미치는 사소한 것에 강하게 반응하면서, 자기중심적이고 자기에게만 몰두하기 쉽다. 이는 우리가 나쁜 사람이거나 행동하는 법을 모른다는 말이 아니다; 우리는 그저 위협이라고 인지한 상황, 비록 실제 위협이 아니더라도, 자동적으로 반응하는 신경계를 가지고 있을 뿐이다.

경계단계에서-스트레스에 대한 우리의 반응이 더 높거나 더 낮을 때-우리가 생각하고 느끼고 행동하는 방식에 심각한 제한이 생긴다. 우리는 과잉반응을 보이거나 미온적 반응을 보일 수 있다. 그리고 일반적으로 하지 않는 말이나 행동을 할 수 있다. 실제적이거나 예측되는 위험이 지난 후, 우리의 신경계는 자동적으로 스트레스의 안정 범위 안으로 되돌아간다. 그러나 그때는 이미 너무 많이 늦거나 의도하지 않게 관계를 훼손한 후일 수 있다. 스트레스가 불균형인 상태에서 이루어진 선택은 종종 타인과 자신을 해하는 결과를 낳는다. 다행히, 우리는 스트레스 수준을 E-지대로 되돌리는 반응을 학습할 수 있다. 우리는 우리에게 일어난 일을 항상 통제할 수 없지만, 벌어진 상황에 대응하는 법을 학습할 수 있다. 이러한 기술은 우리가 자신의 관계와 삶을 책임질 수 있게 돕는다.

E-지대의 외곽에 위치한 스트레스는 정서적 문제를 폭포처럼 쏟아지게 한다.

E-지대의 외곽에서 스트레스를 가지고 사는 사람이 불안하거나 우울해지는 것은 이상한 일이 아니다. 부족한 수면, 삶의 주요 변화, 직장 문제, 가족과 대인관계 문제와 같은 스트레스 원인은 스트레스와 정서적 고통을 촉발한다. 위협적으로 보이는 많은 문제들 때문에 아직 해결되지 못한 정서적 문제들이 더 크게 느껴지고, 그 정서적 문제들이 추가적인 스트레스 원인이 된다. 이 추가적인 스트레스 원인은 우리의 문제를 더욱 악화시킨다. 스트레스와 정서 간의 정확한 생리학적 관계는 알려져 있지 않지만, 둘 간의 분명한 연결성이 있다. 스트레스는 자기패배적 생각과 행동으로 귀결되는 정서적 버튼을 누른다. 이 고통스러운 행동은 더 많은 스트레스를 직접적으로 이끈다. 다음 이야기에서 이를 증명하고 있다.

스트레스로 인해 소통이 막힌 커플 이야기

잔(John)과 **오드리(Audrey)**는 대학원에서 만나기 전에 둘 다 이혼한 경험이 있었다. 그들은 자신들의 "정서적 사안"을 서로 돕다가 사랑에 빠졌다.

잔은 두 살에 입양되었는데, 양부모가 이혼하면서 그의 문제는 시작되었다. 양부모의 이혼은 잔의 안전감을 흔들었고, 타인을 믿는 것을 어렵게 했다. 오드리는 외동딸로서 완벽을 강압하는 부모 밑에서 성장했다. 그녀는 아이처럼 말을 더듬었고 성인이 되어서도 늘 긴장한 채 지냈다. 잔과 오드리는 서로에게 훌륭한 소통가이자 열정적인 경청자를 찾아낸 것이 감사했다. 그들은 결혼했고 첫아이를 낳았다. 결혼 · 가족 상담자로서 학위도 마쳤다.

성공적이고 매력적인 커플은 곧 자신들이 개발한 의사소통법을 중심으로 열심히 상담하였고, 그 사업은 번창하였다. 잔과 오드리는 두 명의 아이를 더 낳았고 유명인사가 되어 대기하는 내담자도 많아졌다. 시간에 대한 압박과 책임이 증가함에 따라, 그들은 더 많은 압박감을 느끼기 시작했다. 자신들의 첫 번째 결혼과 관련된 해묵은 문제가 다시 나타났다. 잔의 해묵은 상처는 다시 그를 괴롭히기 시작했고 오드리의 관심을 받지 못한다고 느끼기 시작했다. 상처받은 잔은 자기 안으로 숨어들었다. 오드리 역시 잔이 왜 분개하고 철회하는지 알 수 없었다. 그래서 긴장이 팽배해지고 화가 나기 시작했다. 스트레스 상황은 끝날 것처럼 보이지 않았고, 자동적인 '싸움 또는 도피반응'은 그들의 관계에 영향을 미치기 시작했다. 그들은 자신들의 의사소통법을 남들에게 계속 가르치고 있었지만, 서로 소통하는 능력은 제대로 발휘되지 못했다.

잔과의 정서적 연결이 끊긴 오드리는 자신의 독신 친구에게 관심을 돌리고 위안을 찾았다. 오드리는 그 친구와 이야기하면서 평온해지고 자신감을 얻었다. 그러나 잔이 이 관계를 위협적으로 받아들인다는 것을 잘 알지 못했다. 그는 질투와 분개에 휩싸여서 더 많이 철회했다. 그의 행동은 오드리를 더 화나게 했고, 오드리는 그 친구와 더 가깝게 지냈다. 거부당했다는 압박과 고통 속에서, 잔은 매우 자신답지 못한 일을 했다: 오드리와 직면하는 도중, 철회

대신 갑자기 분노를 터트렸다. 이 분노는 전혀 예상 밖의 것이고 매우 강렬해서 오드리를 두렵게 했다. 그녀는 곧 접근금지 명령을 신청했고 잔을 집안에 들어오지 못하게 했다. 그 이후, 그들의 관계는 이혼할 때까지 험악했다.

성공한 결혼·가족상담자로서 잔과 오드리는 소통이 무엇인지, 성공한 관계를 위해 무엇을 해야 하는지를 잘 알고 있었다. 그러나 그들 스스로 위협적으로 느낄 때, 자신들의 자동적 스트레스 반응에 휩싸였고 자신들이 아는 것을 실행할 수 없었다.

스트레스 원인은 관계를 위한 최선의 의도와 계획을 방해한다.

성공적 관계를 만드는 전략을 가지는 것은 좋다. 그러나 그 전략은 압도적 스트레스나 위협적 상황에서는 빠르게 그 힘을 잃게 된다. 최고의 계획도 위협을 느끼면 효과가 없다. 극심하거나 만성적인 스트레스는 우리의 사고, 정서, 행동을 불능으로 만든다. 신경계의 모든 강력한 반사에 휘말리어, 우리는 아프고 자기패배적인 습관성 방식으로 반응한다. 생존 본능이 우리에게 충격적으로 다가오고 우리의 행동을 전적으로 통제함에 따라, 모든 계획과 좋은 의도는 상실된다.

위협적으로 느낄 때, 안전에 대한 즉각적인 요구 외에 다른 어떤 것에도 집중하는 것은 불가능하다. 우리에게 일어나고 있는 일을 인지하고 빠르게 스트레스에서 균형점을 찾을 능력이 없는 한, 우리는 알고 계획한 대로 행동할 수 없을 것이다. 외부적인 위협보다는 내부적인 위협이 많은 세상을 살아가는 우리는 스트레스를 더 잘 이해하고 관리하여 압도되지 않아야 할 것이다.

스트레스를 E-지대 안에서 유지하는 도전

스트레스는 현대인의 삶에서 수용해야 할 부분이므로, 대부분의 사람들은 스트레스를 인지하고 이해할 수 있다고 믿고 있다. 세계에서 가장 큰 정신건강 웹사이트 중의 하나인, Helpguide.org에 오랫동안 축적된 질문과 코멘트들을 보면, 이러한 가정에 의구심이 생긴다. 현대의 스트레스 원인은 대체로 내부적이기 때문에, 종종 생각과 행동의 영향을 적절히 인식하지 못한다. 우리는 생존 위협은 아니지만 지속적이고 기능적으로 움직이지 못하게 하는 스트레스 원인을 무시하기 쉽다. 마리아(Maria)의 이야기에서 보듯이, 불안에 기여하는 것은 이러한 내적 스트레스 원인이며 이것이 종종 관계 문제의 근원이 된다.

자신의 스트레스를 남 탓으로 해결하는 여성

마리아(Maria)는 똑똑하고 헌신적이다. 그러나 비평가들의 극찬을 받는 식당에서 최고 주방장이 되는 이상적인 직업을 얻고 나서야, 그녀는 일을 즐기기 시작했다. 그녀의 전 직장에서 얻었던 위장장애는 갑자기 사라졌고,

매일 아침 자신에게 주어진 도전적인 일을 기대하며 눈을 떴다. 마리아의 성취는 대중매체에서도 인정받았고, 그녀는 감사함을 느꼈다. 그리고 식당 운영은 매우 잘 되었기 때문에, 2년도 안 되어 그녀의 월급은 두 배로 올랐다. 그 후, 식당 사장은 부주방장, 브루스(Bruce)를 고용했다.

브루스는 마리아보다 젊고 패기가 넘치는 사람이었다. 그는 자기 확신과 지치지 않는 에너지를 가지고 주방의 모든 것에 관여했다. 웨이터들은 그가 매력적이라고 생각했다. 브루스는 마리아만큼의 경력은 없었으나 젊음과 에너지로 그녀를 위협했다. 마리아는 스스로 그와 자신을 비판적으로 비교했다. 마리아는 사장이 자신이 하는 일에 불만이 없다고 확신했지만, 브루스에게 밀릴까 봐 걱정하기 시작했다. 그녀는 걱정하면 할수록 더 불안했고 분개했고 철회했다. 마리아는 자신의 새로운 정서가 스트레스의 결과물임을 깨닫지 못했다. 그녀는 스트레스란 행동화를 의미한다고 생각했다. 그녀는 분명 그렇게 행동하지는 않았다. 그녀의 오래된 위장장애가 재발했을 때조차, 그녀는 스트레스를 어떻게 다룰 수 있을지 고려하지 않았다.

비록 마리아는 자신이 스트레스를 받고 있음을 인지하지 못했지만, 직장에서 자신이 더 이상 예전의 자기가 아님을 알아차렸다. 그녀는 주문을 혼동하기 시작했고, 바쁜 금요일 밤에 기름에 불이 붙게 하는 바람에 주방 사람들을 대피시킨 일도 있었다. 그녀는 더 많이 걱정하기 시작했고 심각하게 고통스럽고 혼란스러웠다. 그녀는 마음속으로 자신의 모든 잘못에 대해 브루스를 탓했다. 그가 취한, 말하지 않은 위협이 자신의 불안을 키우는 원인이라고 생각했다. 마리아가 더 많이 불안을 느낄수록, 일에 집중하지 못했고 브루스에게 자기 자리를 뺏긴다는 두려움은 더 커졌다. 사장이 성과 저조를 지적했을 때, 그녀는 브루스에게 더욱 분개하기만 했다. 그가 그녀의 모든 문제의 근원이라고 생각했다. 그래서 그녀는 자신의 생각, 행동이나 직업윤리를 바꾸려고 하지 않았다. 이 문제와 관련해서 사장과 성과 없는 논의를 반복한 후, 마리아는 해고당했고 덜 유명한 식당의 주방장으로 자리를 옮겨야 했다.

마리아는 자신이 가진 스트레스를 인지하지 못했기 때문에, 자신을 자기파괴적인 길로 인도했다. 어떤 일이 벌어질 것이라는 두려움이 자신의 수행능력에 영향을 미쳤음을 인지하지 못한 채, 그녀는 점점 더 비효율적이고 비생산적으로 변했다. 마리아의 이야기는 또한 우리가 얼마나 쉽게 규제되지 않은 스트레스를 간과하거나 타인에게 그 책임을 묻는가를 잘 보여준다. 우리가 가진 스트레스에 대해 남에게 책임을 덮어씌우는 인간의 습성은 스트레스 관리의 주된 방해물 중의 하나이다. 또 다른 방해물은 우리의 몸을 망치는 만성적 스트레스가 때로는 우리의 정신적인 면을 기분좋게 할 수도 있다는 사실이다.

우리는 해가 되는 스트레스를 기분 좋게 느낄 수 있다.

편안지대를 조금 넘어서는 스트레스는 너무 오래 지속되거나 너무 강렬하지 않다면 이로울 수도 있다. 앞서 언급했듯이 스트레스는 주로 적은 양일 때 많은 장점을 가진다. 약간의 스트레스는 긴장을 늦추지 않고 도전에 선뜻 응할 준비를 하게 한다. 또한 스트레스는 더 많이 성취하고 목표에 도달할 수 있도록 솟구치는 에너지를 제공한다. 예를 들어, 스트레스는 게임에 이기고 중요한 면접을 준비하고 시험을 보는 것

등의 시도에 도전할 수 있게 한다. 스트레스 반응에 동반되는 아드레날린과 기타 호르몬들의 분비는 종종 기분을 좋게 한다.

불행하게도, 좋은 것은 나쁜 것도 가져온다. 스트레스 반응 기간 동안 갑작스런 호르몬의 분출로 만들어진 짧고 들뜬 기분이 습관처럼 자리잡을 수 있다. 곧 우리는 그 들뜬 기분을 되찾기 위해 점점 더 많은 스트레스를 찾아 나서게 된다. 또한 여러 호르몬들과 함께 분비되는 아드레날린 덕분에 자연스럽게 기분이 좋아지므로, 실제로는 우리의 몸이 고갈되고 소진된다는 것을 인지하지 못할 수도 있다. 머지않아 스트레스가 만들어 낸 기분좋음을 되찾으려 한 사람들은 종종 심각한 결말로 고통을 받게 된다.

무력함과 절망감이 동반될 때, 스트레스는 트라우마가 된다.

강렬하고 끈질긴 스트레스가 무력함과 절망감을 동반할 때, 우리는 종종 트라우마를 겪게 된다. 신경계는 내달리고 마비시키기 때문에, 우리는 갇히거나 얼어붙거나 E-지대로 되돌아갈 수 없게 된다. 신경계가 정상범위로 돌아오기 전까지 균형 상태로 회복되지 못하는 상태가 단기간 동안 지속될 수 있다. 또는 더 오래 지속될 수도 있다. 우리는 그 늘어난 시간-며칠, 몇 주, 몇 달, 몇 년이라도-동안 트라우마 상태에 머물러 있다. 그 트라우마가 충격적이거나 트라우마를 반복적으로 또는 생애 초기에 경험한다면, 트라우마 상태가 길게 지속되기 쉽다.

나는 어릴 적 무서웠던 꿈을 기억한다. 그 때 나는 얼어붙은 채 깨어나곤 했다. 움직이거나 울거나 부모님께 달려가서 도움을 청할 수 없을 만큼, 나는 말 그대로 공포로 얼어붙었다. 수분 후, 나는 다시 손가락을 움직일 수 있었고 차례로 손, 발, 마침내 온 몸을 움직일 수 있었다. 그 때 나는 더 이상 공포를 느끼지 않았다–단지 진이 빠졌다.

수술, 입원, 학대, 방치, 유기와 같이, 무력감과 절망감을 남기는 위협은 트라우마가 될 수 있다. 어린 아이에게는 특히 더 그러하다. 또한 타인에게 일어난 일 때문에, 우리에게 트라우마가 생길 수도 있다. 위협에 대한 인지만으로도 압도감을 느끼고 무력하고 쉴 수 없거나 분명하게 생각할 수 없게 된다.

스트레스 관리는 가장 필요한 시기에 빠르게 이루어져야 한다.

스트레스 원인은 항상 존재한다. 너무 바쁘고 과도하게 긴장된 삶에서, 스트레스는 항상 존재할 것이다. 그러나 그 영향을 줄일 수 있는 방법이 있다. 뇌는 변화할 수 있기 때문에, 과도한 스트레스 상황을 알아차리고 이를 재빨리 줄이는 방법을 학습할 수 있다. 우리에게 일어난 일을 통제할 수는 없다. 그러나 사건에 반응하는 방식을 통제할 수는 있다.

스트레스가 자신과 타인과의 연결을 제한할 필요는 없다.

현대 사회에서, 우리는 규제되지 않는 스트레스를 재빨리 인지하고 균형을 만들 필요가 있다. 그렇게 한다면, 우리의 뇌는 심리적 위협을 느껴도 자동적 싸움 또는 회피반응이 촉발되지 않는 수준으로 발달할 수 있다. 그러나 그 때까지, 우리는 매 순간 일어나는 스트레스 원인을 인지하는 방법을 배워나가야 한다. 그리고 빠르게 균형을 되찾는 반응을 발달시켜야 한다.

늙은 개에게도 새로운 기술을 *가르칠 수 있다.* 우리는 위협 상황에서 발동된 자동적 반응을 바꿀 수는 없다. 그러나 이러한 자동적 반응에 대한 새로운 반응을 구축할 수는 있다. 촉발제가 작동하기 시작할 때, 촉발제에 대한 인식을 유지하는 방법을 스스로 배워나갈 수 있다. 그리고 빠르게 자신의 E-지대로 회귀하는 법을 학습할 수 있다.

스트레스 원인에 대한 본성의 두 가지 빠른 반응

스트레스로부터의 빠른 회복은, 스트레스로부터 균형을 빠르게 되찾는 가장 효과적인 두 가지 방법을 이해하는 데에서 시작된다. 즉시 기분이 나아지기 위해, 당신은 믿을 수 있는 평온하고 좋은 경청자인 누군가와 이야기를 나눌 수 있다. 물론, 언제나 그 사람을 만날 수 있는 것은 아니다. 이야기할 사람이 없다면, 스트레스 감소를 위한 다양한 감각적 방법에 의존할 수 있다. 감각적 입력은 한숨, 소리, 맛, 냄새, 촉감, 움직임을 포함한다. 이러한 감각을 정확하게 적용하면 스트레스를 빠르고 효과적으로 감소시킬 수 있다. 그러나 과부화된 스트레스를 이러한 여러 감각 입력들을 통해 빠르게 반대로 되돌릴 수 있다면, 우리는 왜 그동안 감각을 그렇게 사용하지 않았던 것일까? 이 질문에 대한 답은 간단하다: 이 가능성을 실제로 알고 있는 사람은 거의 없기 때문이다. 그리고 그것을 탐색하려고 시도해 본 사람도 거의 없다.

스트레스가 발생하자마자 곧 인지하고 관리하는 법을 배우기

스트레스를 균형으로 빠르게 되돌리는 두 가지 방법이 있는 반면, 위협을 느낄 때 자동적으로 반응하는 세 가지 방법이 있다. 신경생리학적 특성상, 우리는 싸우거나 도망가거나 마비된다. 우리의 반응도 이 선택 안에서 다양하게 할 수 있다. 우리는 가끔 화가 나고(싸움) 그러나 특히 스트레스가 해묵은 미해결과제를 촉발한다면 종종 거리를 두기도 한다(도망). 동시에 두 가지를 한다면, 마비되기도 한다. 예를 들어, 길 한복판에서 차가 우리를 향해 돌진하고 있다면, 심장은 뛰고 있지만 공포 때문에 얼어붙을 수 있다.

내적으로 이 세 가지 반응은 모두 비슷하다. 그러나 각각 다르게 표현된다. 싸움 반응은 종종 화나 동요(agitation)로 나타난다. 도망이나 마비 반응은 우리가 철회하거나 거리를 두거나 뒷걸음질치는 것처럼 보인다. 만일 얼어붙는다면, 마치 헤드라이트에 갇힌 사슴처럼 보일 것이다. 비록 매우 동요된(agitated) 내적 경험을 감추려고 속임수를 쓰고 있을지라도 말이다.

운동, 요가, 명상과 같은 이완요법은 전체적으로 스트레스를 감소시키고, 균형잡힌 일상을 갖게 해 준다. 그러나 전반적인 스트레스를 조금씩 감소시키는 것은 우리가 위협받을 때 평정심을 유지하는 데 도움이 되지 않는다. 자주 운동하고 규칙적으로 요가 수련을 하고 매일 명상을 할지라도, 여전히 자동적인 반응을 보일 수 있다. 충격에 휩싸일 경우, 이완연습이 반드시 우리를 보호하지는 못한다. 우리의 생각과 행동이 제한될 수 있다. 다음의 이야기가 이를 설명하고 있다.

스트레스 대처 기술을 가지고 있음에도 불구하고 스트레스 상황에서 대처기술을 잃은 사람

제니퍼(Jennifer)는 매일 두 번 개를 산책시켰고 규칙적으로 요가를 했다. 그녀의 조용한 자기확신과 자기옹호는 널리 알려져 있었고, 그녀는 대부분의 도전을 평정심으로 대처했다. 그러나 여전히 악명 높은 예외가 존재했다. 예를 들어, 헌신적인 엄마로서, 10대 딸이 화를 내고 그녀에게 대들 때 그녀는 종종 충격과 철회 반응을 보였다. 이 일이 벌어지면, 제니퍼는 너무 상처받아 정서의 문을 닫아버렸다. 화나고 철회된 상황이기 때문에, 그녀는 딸의 거친 말 속의 진짜 문제를 들을 수 없었다.

트라비스(Travis)는 매일 장거리의 편안한 달리기로 하루를 시작했다. 열정적인 스포츠맨으로서, 그는 여유롭고 자신감이 넘쳤다. 직장동료들로부터, 그는 강인함과 공명정대함으로 명성이 높았다. 그러나 항상 그런 것은 아니었다. 특히 집에 있을 때 더 그랬다. 매우 사랑하는 아내와 함께 있을 때, 그는 허둥댔고 압도됐다. 그녀의 성격이기도 한 과도한 감성에 매료되기도 했지만, 그 정서의 강렬함이 위협적으로 느껴지기도 했다. 너무 많은 감성을 직면할 때, 트라비스는 어떻게 해야 할지 몰랐고 종종 거리를 두었고 내적 세계로 도피하였다. 이렇게 되면, 아내는 그의 행동이 무정하고 무관심하다고 평가했다. 그녀는 남편에게 있어 자신이 얼마나 의미있는 존재인지 알 수가 없었다.

데니스(Dennis)는 매일 명상했고 시간이 날 때마다 서핑을 즐겼다. 말을 잘했고 자신감에 차 있었기 때문에, 그는 직장과 정계에서 힘 있는 인물이었다. 그러나 그에게도 아킬레스건이 있었다: 그는 갑작스럽게 화를 내곤 했다. 한 동료가 부하직원을 성차별적으로 대하는 그의 행동을 언급했을 때, 데니스는 통제력을 잃었다. 분노로 파래지고 제대로 숨을 쉴 수가 없었고, 식식거리며 말하는 것 외에는 아무것도 할 수 없었다. 그의 과도한 반응은 동료를 당황시켰고 데니스에게 굴욕감을 안겼다. 동료의 의도는 데니스의 감정을 상하게 하는 것이 아니었음을 둘 다 알고 있었다. 그럼에도 불구하고 데니스는 극단적인 부적절한 방법으로 반응했고 그들의 관계는 틀어졌다.

매일 이완연습하는 것으로, 위협적으로 느껴질 때의 자동적 반응 –대체로 문제가 되는–을 반드시 멈추게 하지는 못한다. 스트레스로부터 재빠르게 균형을 잡는 방법을 모른다면, 우리는 추후 후회할 만한 행동이나 말을 할 위험에 노출될 수 있다. 이완과정은 시행하는 데 수 분이 걸리기 때문에, 놀랐을 때 빠르게 스트레스를 조절할 수 없다. 위협이나 압도적인 경험에서 더 나은 반응을 하기 위해, 우리에게는 빠른 반응기술과 감정적으로 자기인식(self–aware)을 유지하는 능력이 필요하다.

자신을 통제할 수 있는 상태를 유지하려면, 스트레스 대처 실행계획이 필요하다.

불규칙적인 스트레스에 빠르게 반응하는 첫 단계는 자신이 덜 이완되고 덜 집중하고 있음–당신의 신경계가 균형을 잃었다는 신호–을 인식하는 것이다. 이는 당신이 자신의 내적 느낌과 지속적으로 연결되어 있어야만 가능하다.

두 번째 단계는 당신이 위협받을 때의 반응을 탐색하는 것이다.

- 힘들고 화나는 상황에서 자신 안에서 무슨 일이 벌어지는지를 정확하게 아는가?
- 당신은 화나고 동요되는가?
- 우울하거나 철회하거나 거리를 두는 것 같은 저각성(under-excited) 스트레스 반응을 경험하고 있는가?
- 당신의 신경계는 마비반응을 보이고 있는가?
- 당신은 한편으로는 과도하게 반응(화, 동요)하고, 다른 한편으로는 저각성 반응(우울, 철회)을 하는가?

자신의 신체에서 벌어지는 변화를 탐색하는 것–이는 정서적 깨달음을 유지하는 능력에 달려 있다–을 배우게 되면, 당신은 스트레스에 대한 빠른 감각적 반응을 발달시킬 수 있게 된다. 스트레스에 빠르게 반응하는 법을 배우는 것은 마음챙김 수련의 선행조건이다. 마음챙김 수련은 스트레스에 의해 위협적으로 느끼거나 압도된다고 느낄지라도 당신의 정서적 연결을 유지시켜 준다.

스트레스를 통제하려면 정서적 과부하를 인지해야 한다.

다른 사람들과의 정서적 연결이 끊겨서 발생하는 스트레스 과부하만큼 만성 스트레스와 불안에 크게 기여하는 것은 거의 없다. 세계 유수의 연구기관들도 스트레스를 신체적 문제뿐만 아니라 정신적 · 심리적 문제의 가장 중요한 근원으로 파악하고 있다. 이것이 정서의 핵심적인 역할을 먼저 이해하지 않고는 스트레스와 불안을 설명할 수 없는 이유이다. 정서–우리가 가장 싫은 것들을 포함하여–는 스트레스와 불안을 줄이거나 만들어 내는 역할을 담당한다.

우리는 비록 위협적으로 느낄 때의 자동적 반응을 통제할 수는 없지만, 외적뿐만 아니라 내적으로 우리의 편안지대를 넘어서도록 밀어붙이는 스트레스의 근원을 인지하는 것은 배울 수 있다. 내적 근원으로부터 온 스트레스를 인지하려면, 정서적 깨달음을 유지하는 능력이 핵심이다. 그래야지만 우리 몸에서 스트레스가 발생함을 경고하는 변화를 느낄 수 있다. 다음 7장에서 이러한 능력을 강화시키는 명상 과정을 설명하고자 한다.

7장

두려울 때조차 마음챙김을 유지하기 위한 명상

우리의 삶에서 일어나는 대부분의 최악의 일은, 우리가 자신에게 하는 일이다. 우리는 걱정하고 무서움에 떨고 위협감을 느끼고 통제력을 잃을 때, 최선의 상태를 유지하고 가장 사랑스런 자신이 되려는 스스로의 노력을 파괴하는 말이나 행동을 하기도 한다. 그러나 이것을 해결할 수 있는 비법이 있다: 더 이상 그러지 않아도 된다. 스트레스와 불안에 다르게 반응하는 것을 배우고 기술을 학습함으로써 스스로 자신의 최대 적이 되는 것을 피할 수 있다. 여기에서 가장 중요한 기술은 과부하된 정서적 스트레스를 인지하고 극복하는 것을 돕는 명상이다. 평온과 집중을 유지하면, 위협적으로 느끼기 시작하더라도 우리는 사랑의 느낌과 연결을 유지하고, 자신의 스트레스를 통제할 수 있는 강력한 도구를 가지게 되는 것이다.

여러 명상수련

명상은 고통을 줄이고 연민을 기르고자 고대의 종교적 연습에서 시작되었다. 오랜 세월 동안, 종교적 연고와 상관없는 은둔형 수련 등 명상의 많은 다양한 형태가 형성되었다. 명상은 마음을 차분하게 하고, 신체를 이완하고, 보다 자신을 관찰하고 깨닫도록 돕는 목적이 있다.

나는 모든 명상은 목적을 성취하는 것이라고 배웠다. 우리의 생각을 차분하게 하고 한 곳에 집중하게 함으로써, 우리는 한 순간에 하나의 물건이나 하나의 생각에 집중할 수 있다. 우리의 집중은 숨쉬기, 음악이나 소리를 듣기, 꽃이나 깜박거리는 촛불과 같이 아름다운 것을 바라보기 등의 감각경험에 달려 있다. 춤과 찬팅(chanting)[3], 원형으로 도는 것처럼 더 활동적인 경험에 집중하는 사람도 있다.

우리는, 마음챙김 명상수련에서 하고 있는 것처럼, 우리의 내적 경험에 집중할 수도 있다. 마음챙김의 임상가들은 매 순간마다 의식을 넘나들 듯이 각각의 생각, 감정, 신체적 느낌, 수용하고 보내는 것에 집중한다. 그러나 명상이 매우 유익하다고 하더라도 많은 서양인들에게는 쉽지 않다. 다음의 이야기를 살펴보자.

---

3) 단어나 소리를 반복적으로 소리내거나 노래부르는 것으로, 주로 암송하는 음에서 한두 개의 주요 가락를 반복하는 것(옮긴이 주)

명상을 멈추거나 우선하지 않은 사람

세스(Seth)와 **로이(Roy)**는 30대이며 어릴 적부터 친한 친구였다. 그러나 세스가 직장에서 큰 승진을 하게 되면서 상황이 변화했다. 새 업무를 맡아 일이 많아진 세스는 더 이상 로이를 자주 볼 수 없었다. 로이의 관점에서는, 세스가 자신에 대한 관심이 없어지고 그의 삶에서 자신을 제외시킨 것처럼 보였다. 로이는 이로 인해 마음이 아팠고 세스로부터 철회했고, 이것이 그들의 우정을 더욱 어렵게 만들었다. 세스는 너무 바쁘고 직무 스트레스가 심해서, 로이가 말하기 전까지 그 둘이 얼마나 자주 만나지 못했는지를 알아차리지 못하고 있었다. 그들의 관계를 개선하기 위해, 로이는 세스에게 천천히 살아가라고 말했고, 자기인식을 더 잘 할 수 있도록 명상을 해 보라고 제안했다. 세스는 로이를 가까운 친구로 두기를 원했다. 세스는 동의했고 여러 명상을 시도해 봤으나 실패했다. 몇 번의 호흡과 집중을 하자마자, 그는 잠에 빠져 들었다. 명상이 왜 그렇게 졸리는지, 왜 그렇게 어려운지를 이해하려고 하기보다, 세스는 포기를 선택했다. 세스가 그 과정에 좀더 머물렀다면, 자신이 얼마나 외롭고 정신없이 서두르며 살아왔었는지를 깨달았을 수도 있다.

조슈아(Josh)는 문제해결사의 역할을 하면서 고통스런 감정을 피하는 것을 아동기에 학습하였다. 똑똑한 소년이었기에, 문제해결은 쉬웠고 보상으로 관심과 인지도가 뒤따랐다. 그러나 외로움을 대처하는 방법으로 시작된 것이 감정을 무시하는 습관으로 자라났다. 조슈아는 자신의 감정에 거의 관심을 기울이지 않기 때문에, 그는 자주 자신의 감정에 혼란스러웠고 타인과 의사소통이 힘들었다. 직장에서 조슈아는 대단한 문제해결사로 보였으나 타인과 협업할 수 없는 사람으로도 보였다. 그는 자신이 막다른 길에 갇혔음을 발견했다. 더 나쁜 상황은 그는 친한 친구가 없고 혼자 산다는 것이었다. 어느 날 동료가 조슈아를 낮 시간 명상에 초대했다. 조슈아도 시도해 보았으나 수련은 감정적 불편감을 느끼게 했다. 그래서 그는 다시 가지 않았다. 조슈아가 명상을 좀더 했더라도, 그는 그의 삶에서 향상시켜야 할 것들에 대한 영감을 발견했을지도 모른다.

리스(Reese)는 끊임없이 일한다. 그녀는 자신이 스트레스를 받고 있음을 알고 마음챙김 명상을 시도했다. 명상을 즐기고 그 유익함을 경험했지만, 우선순위에 두지는 않았다. 일주일이 지나갔고, 리스는 천천히 살고 명상을 하는 대신 사무실에서 더 많은 시간을 보냈다. 머지않아 그녀는 직장에서 몇 가지 실수를 했고 모든 것이 산산조각이 난 것처럼 보였다. 리스는 천천히 살았다면 잘못된 선택을 피할 수 있었을지도 모른다는 것을 깨달았다. 리스가 깨닫지 못한 것은 자신이 소진에 도달했고, 그로 인해 어쩌면 잘못된 결정을 하지 않도록 보호해 주는 자신의 감정, 본능과의 연결이 끊겼다는 점이었다. 명상–우리의 생각과 느낌을 더 인식하게 해 주는–은 그녀가 최선으로 기능하지 못한다는 것을 보도록 도와줄 수 있었을지도 모른다.

세스, 조슈아, 리스에게 자신의 느낌에 집중할 수 있는 규칙적인 시간을 마련하라고 했다면, 그들은 아마도 이미 시도했지만 실패했다고 말할지도 모른다. 더욱이 그들은 명상할 시간이 정말 없다고 말할지도 모른다. 자신의 느낌과 연결되는 것은 생산력을 저하시킨다고 말할 수도 있다. 일상에서 규칙적으로 천천히 살고 잠재적으로 어렵거나 불쾌한 것에 집중하는 것이, 할 일이 많은 시기에는 좋은 생각으로 보이지 않을 것이다. 이러한 이야기는 위의 세 명과 대부분의 사람들에게 논리적으로 들릴 수도 있다. 그러나 그렇지 않다. 우리의 모든 감정을 편안하게 경험하는 법을 알게 된다면, 느끼는 것을 인식하기 위해서 생각을 멈추거나 생산성을 줄일 필요는 없다.

마음챙김 명상과 비슷하고 다른 점

야생마타기 명상(Ride the Wild Horse meditation)은 마음챙김 명상과 유사하기도 하고 다르기도 하다(Helpguide.org에서 무료로 제공한다). 마음챙김 명상처럼, *야생마타기*도 이완하고 사고과정을 천천히 하고 내적 경험에 집중한다. 매 순간마다 변화하는 정신적, 감정적 경험의 흐름을 인지하는 데 집중한다.

과도하게 바쁜 마음을 차분히 하고 긴장된 몸을 이완하는 것 말고도, *야생마타기*는 다른 목적들을 가지고 있다. 그 중 하나는 위협적인 느낌과 촉발제를 인지하고, 이어서 자동적 싸움 · 도피 · 마비 반응에 전복되기 전에 스트레스를 균형으로 재빠르게 되돌리는 것이다. 또 다른 목적은, 명상을 연습하는 동안뿐 아니라 스트레스의 도전을 받는 하루 내내 집중을 유지할 수 있도록 하는 것이다.

대부분의 사람들은 스트레스에 압도되거나 위협감을 느낄 때 집중을 유지하는 것이 불가능하다고 말할지도 모르겠다. 스트레스에 대한 자신의 자동적 싸움 또는 도피반응을 중화하는 법을 아는 사람은 거의 없다. 생산적인 방식으로 반응하는 것이 불가능할 정도로 심각하게 스트레스를 받고 있을 때조차 자신의 스트레스를 인식하지 못하는 사람도 있다.

압도적인 스트레스는 마음챙김 자기인식을 연습하는 데 장애물이 된다.

*야생마타기*를 포함하여, 모든 명상수련은 비공개적으로 또는 집단의 안전한 세팅 내에서 행해질 때, 스트레스를 감소시키고 이완시킬 수 있다. 하지만 안전한 환경에서 연습한 것을 실제 삶으로 옮겨갈 때, 여전히 위협감을 느끼고 스트레스에 압도당할 수도 있다. 그럴 때 자신의 집중력과 스트레스 관리 능력에 문제가 생긴 것인지 자문할지도 모른다. 실전을 처음 접할 때 잘하지 못하는 것은 당연한 일이다. 고속도로 주행 전에, 조용하고 안전한 길에서 먼저 연습을 한다는 것을 기억하라. 이에 익숙해지면 더 복잡한 길로 운전연습을 나갈 것이고 충분한 자신감을 가진 후에 고속도로로 나설 수 있다. *야생마타기* 명상도 같은 방식으로 작동한다.

당신이 때때로 반응적으로 변하는 것을 완전히 막을 수 있는 명상수련은 존재하지 않는다는 것을 명심하라. 압도되지 않고 가장 극심한 스트레스 원인을 경험하는 달라이 라마와 같은 사람은 극소수이다. 그와 같은 사람은 거의 없고 아주 드물다. 우리들 대부분은 종종 평정을 잃는다. 그러나 평정을 잃었다는 것을 인지한다면, 그리고 무엇을 해야 할지 안다면, 우리는 평정을 빠르게 되살리는 방식으로 반응할 수 있다.

야생마를 타는 것이 독특한 이유는 무엇일까?

정서적으로 통제불능을 느끼는 것은 비생산적으로 들린다. 그러나 압도되는 느낌, 특히 부정적 느낌을 가만히 앉아서 인식하는 순간을 가진다면, 당신은 자신의 삶을 자신감있게 항해할 수 있는 더 나은 준비를 갖춘 셈이다. 이것이 *야생마타기*가 당신에게 할 수 있는 일이다. 명상은 당신을 압도하거나 반사적 반응을 촉발하는 상황에 직면하더라도 집중하고 평정을 유지하도록 돕는다. 이 명상을 하면서 얻는 정서적 자기인식은 당신이 한 선택이 그 순간에 자신에게 올바른 것인지를 결정하게 돕는다.

자신의 느낌을 아는 것은 혼란을 제거하고 자신의 자원을 현명하게 사용하도록 돕는다. 머릿속이 명료하고 자원을 현명하게 사용한다면, 당신의 창의성과 문제해결능력은 잘 자라날 것이다. 나아가 정서적 인식은 자신뿐만 아니라 타인에 대한 이해도 향상시킨다. 당신이 느끼는 것을 지속적으로 연결하는 법을 배우는 것은, 타인과의 연결을 유지하는 데 도움이 된다.

메시지를 무시하기 전에 메시지를 듣는 것이 중요하다.

일부 명상수련은 불쾌한 정서를 느끼자마자 이를 내보내라고 격려한다. 그러나 이렇게 하면, 그 감정의 메시지를 이해할 기회를 잃게 된다. 그 메시지는 종종 매우 중요한 내용이다. 감정의 강도를 충분히 빠르게 감소시키고 감정에 압도되지 않는다면, 그 감정을 내보내기 전에 그 감정을 통해 배울 수 있다.

예를 들어, 밤에 수면장애가 있는 것은 일반적이다. 왜냐하면 바쁜 하루 동안 둔감해진 느낌이 잠자리에 들 때 수면 위로 나타나기 때문이다. 그러나 우리가 하루 전반에 걸쳐 감정이 출현할 때마다 이를 인식하고 감내한다면, 밤에 더 평화스럽게 쉴 수 있을지도 모른다.

어려운 느낌과 시간을 함께하는 것은–잠을 통해 그 느낌들을 반영할 때까지 기다리는 대신–그 느낌들의 진정한 의미를 더 잘 이해하게 한다. 정서를 이해하려고 애쓰면서 시간을 보낼 때, 변화는 쉽게 일어난다. 슬프고 화난 감정에서 시작했지만 더 반영을 하다보면, 슬픈 감정은 두려움이나 분노로 바뀔 수 있다. 분노 역시 슬픔이나 두려움으로 바뀔 수 있다. 최종 메시지가 고통스러울지라도, 우리는 정신적·정서적 자원을 더 많이 연결하여 더 낫게 대처한다.

야생마타기 명상은 뇌의 더 많은 부분을 활용한다.

*야생마타기*와 같은 명상을 실시할 때, 우리의 느낌이 관심의 주요 초점이 된다. 그러나 나중에 일상 생활로 돌아왔을 때, 우리의 주요 초점은 느낌에서 생각으로 바뀐다. 우리는 덜 강렬하고 초점화된 방식으로 느낌을 지속적으로 경험한다. 임박한 위험을 느끼는 것이 아니라면, 느낌을 인식하기 위해 생각하기를 멈출 필요는 없다. 일단 압도적 정서를 경험하고 고삐를 쥘 수 있다면, 우리는 뇌의 더 많은 부분–인지뿐만 아니라 정서–을 사용할 수 있다. 이렇게 되면 우리는 더 이상 우리의 느낌을 두려워하지 않으며, 지적으로 집중할 때 신체적, 정서적 감각을 모두 인지할 수 있다. 유사하게, 우리는 강렬한 정서를 느낄 때

도 지적 자원과 접속할 수 있을 것이다. 느끼는 대로 생각하고 생각하는 대로 느낀다면, 최종적으로 우리는 더 현명해지고 생산성이 증가하며, 자신뿐만 아니라 우리가 만나는 사람들이 사랑받는다는 느낌을 더 잘 느끼게 만드는 결과를 낳을 수 있다.

곤경을 명상하는 것은 우리를 더 행복하게 한다.

야생마타기 명상에서 하는 것처럼 우리의 느낌과 연결할 때, 우리는 우리자신에 대해 더 많이 배운다. 그리고 우리가 발견한 것은 불쾌할 뿐만 아니라 즐거울 수도 있다. 우리가 느끼는 것을 아는 것은 우리가 누구인지를 더 잘 아는 것이다. 우리의 느낌은 우리자신에 대한 진실을 이야기한다. 우리자신이 생각하는 것만큼 우리는 행복하고 만족하는가? 우리자신이 그럴 것이라고 믿는 것만큼 정말 실망하거나 불만족하는가? 우리자신에 대한 생각은 실제로 우리 안에서 경험하는 것인가?

우리자신에 대해서 우리가 발견한 것은 올바른 방향으로 우리를 안내할 수 있다. 또는 나쁜 방향으로 가는 것을 막을 수 있다. 높은 수준의 자기인식과 자기이해는 우리의 삶에서 사랑받는다고 더 많이 느끼게 하는 결정을 내릴 수 있도록 돕는다. 이 과정 동안 우리는 종종 놀라운 발견을 하게 된다. 다음 이야기는 재클린(Jacqueline)에게 일어난 일이다.

자신이 얼마나 괜찮은지를 발견하고 매우 놀란 소녀

재클린(Jacqueline)이 네 살 때, 그의 가족이 미국으로 이민 온 지 얼마 안 되어, 그녀의 아버지는 죽었고 어머니는 정신 발작으로 입원했다. 그녀를 돌볼 가족이 없었기 때문에, 재클린은 아동기 내내 고아원에서 살았다. 고아원의 예산지원은 풍족해서, 재클린은 다른 상황이었다면 받지 못했을 법한 교육 · 문화적 기회를 경험했다. 그러나 이러한 혜택이 자신에게 가족이 없다는 사실을 상쇄시키지는 못했다. 직원은 친절했고 관심을 주었지만, 재클린을 찾는 방문자는 전혀 없었고 그녀는 이 세상에서 혼자 남겨진 무게감을 느꼈다.

우수한 학생이었던 재클린은 4년 장학생으로 대학에 입학했다. 대학에서 그녀는 첫 남편, 칼(Carl)을 만났지만 그 결혼은 유지되지 못했다. 칼은 그녀가 너무 예민하고 비판에 민감하다는 것을 발견했다. 모든 실수는 재앙이었고, 인내심이 없는 칼은 재클린과 함께하는 시간이 계란 위를 걷는 것 같다는 점에 분개했다. 이혼은 그녀의 가슴 속 무게감을 더했다. 그러나 그녀는 자신의 삶을 계속해 나가야 한다고 스스로에게 강요했다. 그녀는 다시 학교로 돌아갔고 다른 결혼 상대자를 만났다.

재클린의 두 번째 남편, 다니엘(Daniel)은 유명한 교수였다. 그는 나이가 조금 더 많고 매우 친절하고 인내심 있고 느긋한 사람이었다. 다니엘은 재클린의 비안전감을 수월하게 받아들일 수 있었다. 그리고 그녀가 언제나 필요로 했던 이해와 관심을 주었다. 다니엘은 재클린이 했던 일과 감정에 관심을 보여 주었다. 그는 그녀에게 있어 남편뿐만 아니라 멘토였고 그녀가 거의 알지 못했던 부모역할도 하였다.

다니엘과 재클린은 네 명의 자녀를 두었고, 재클린은 학교에서 더 활발하게 활동했다. 하지만 현재 그녀 주변을 둘러싼 사랑스런 가족이 있음에도 불구하고, 재클린은 아동기부터 가지고 있던 우울을 계속 경험하고 있었다. 치료에서 이 감정을 탐색해 보려 했지만, 치료자가 항우울제를 제안하자 그녀는 치료를 그만두었다. 처방전대로 약을 먹기보다는, 다른 가능성을 탐색하고 싶었다. 학교는 탐색하고 싶은 많은 기회를 제공했다. 그 기회 중의 하나가 내가 강의했던 마음챙김 명상 수업이었다.

재클린은 언제나 성실한 학생이었고 내적 경험에 집중하면서 매일 명상을 수련했다. *야생마타기* 명상의 초기, 그녀는 과거 그녀가 경험했었던 무거움을 선명하게 깨달았다. 그러나 이후 예측하지 못했던 놀라운 일이 일어나기 시작했다. 무거움은 희미해지고 더 밝고 즐거운 감각으로 대체되었다. 결과적으로, 가슴을 짓누르던 고통스러운 무거움은 완전히 사라졌고, 그 자리에 그녀에게 안전과 안심을 주는 따뜻한 가벼움이 대신 자리하였다.

나는 그녀의 감정을 반영하는 과정을 통해, 재클린이 한 인간으로서 변화해 가는 것을 보도록 도왔다. 어린 시절부터 있었던 가슴 속의 무거움에 집중하는 시간을 보내며, 그녀는 어떤 것은 다르고 어떤 것은 변화했다는 것을 인식해 갔다. 재클린은 변화한 것을 탐색하는 시간 동안 고통보다 기쁨을 주는 완전히 새로운 느낌을 발견하였다.

느낌은 바뀐다. 그러나 주의를 기울이지 않는다면 우리는 알아차리지 못할 것이다.

삶은 우리가 원하는 모습과 일치하지는 않는다. 재클린은 오랜 세월 동안 전체적인 스펙트럼의 정서를 경험했다. 그녀의 내적 경험은 언제나 장밋빛은 아니었다. 그녀는 종종 따뜻함과 안전을 느꼈다. 그러나 어떤 때에는 자신과 타인이 불편했고 행복하지 않았다. 매우 오랫동안 느낌 없이 지내왔기 때문에, 그럼에도 불구하고 그녀는 자신이 느낀 것을 감내하고 수용했고 그로부터 배웠다.

일생동안 상처받은 느낌에 집중하는 용기를 찾으면서, 재클린은 자신의 내적 경험이 아동기 이후로 더 낫게 변화했다는 것을 발견했다. 정서적 인식은 더 이상 예전만큼 고통스럽지 않았다. 또한 그녀는 자신의 모든 정서가 목적으로 가지고 있음을 발견했다; 모든 느낌은 현재 안전한 삶에서 자신을 위해 활용될 수 있는 자기지식이었다

그녀의 남편, 다니엘은 자신의 정서를 인식하고 유지하는 것과, 타인의 느낌에 관심을 두는 것을 아동기에 학습했다. 재클린을 이해하고 공감하는 그의 능력은 그녀의 삶에서 생전 처음 안전하다고 느껴지는 환경을 만들어 주었다. 그러나 그녀 스스로 느낌을 인식하려는 노력을 하지 않았다면, 그녀는 자신의 경험을 지지하지 않는 비안전의 느낌과 오랜 기억에 붙들려 꼼짝달싹 못한 채 있었을지도 모른다.

시간과 경험은 뇌와 우리가 느끼는 방식에서 변화를 만들어 낸다. 더 나은 경험으로 변화를 만들어 낼 때, 우리는 더 나은 것을 향해 변화할 수 있다. 우리가 더 현명해지거나 우리의 삶이 더 안전하다면, 우리가 자신에 대해 느끼는 방식을 다시 들여다볼 기회가 생긴다. 물론 우

리는 우리에게 기쁨을 주는 느낌 뿐만 아니라 어렵고 상처뿐인 느낌도 탐색해야 한다. 우리가 불쾌한 느낌을 더 탐색할수록, 우리는 자신과 타인에게 더 가까워지고 행복하게 만드는 정서를 더욱 경험하게 된다.

자기인식을 지원하는 연습을 통해,
우리는 우리다워질 수 있다.

야생마타기 명상은 타인이 생각하는 것이나 타인이 우리에게 원하는 것과, 우리가 실제로 필요로 하는 것을 구분할 수 있는 정서적 근육을 만들도록 돕는다. 친구와 애인이 우리에게 어떤 방법을 충고할 때, 우리는 마음챙김을 하고 우리의 욕구와 욕망을 그들의 것으로부터 분리할 수 있다. 또한 정보에 근거해 사려 깊은 선택을 할 수 있다. 우리는 다음과 같은 질문을 생각해 볼 수 있다:

- 제안된 사항에 대해서 정말 어떻게 느끼는가?
- 이 특정 제안이나 계획에 대해 긍정적 혹은 부정적으로 느끼는가?
- 제안된 사항에 대해서 얼마나 흥미있고 관심을 가지고 힘을 쏟고 싶은가?
- 제안된 사항에 대해서 자신의 어느 만큼이나 기꺼이 힘을 쏟고 싶은가?
- 그 제안에 대해서 얼마나 경계하고 위협받는다고 느끼는가?

이 질문들은 우리가 스스로를 이해하고 인정하며, 정보에 기반해 의사결정을 내릴 수 있도록 돕는다. 또한 서로의 차이를 읽어낼 뿐 아니라 이러한 차이를 성공적으로 해결해 나가도록 돕는다.

우리의 느낌을 반영함으로써 만족감을 얻을 수 있다.

우리는 편안한 균형의 범위 내에서 정서와 스트레스를 유지하도록 배움으로써, 자기탐색의 과정을 더 즐길 수 있다. 순간의 경험에 집중하면, 우리는 삶에서 많은 사소한 일이 즐겁다는 것을 발견한다. 예를 들어, 친구의 따뜻한 목소리, 좋아하는 음식을 요리하는 냄새, 사랑하는 사람의 부드러운 손길은 달콤하고 가치 있는 삶을 살고 있음을 상기시킨다.

마음챙김의 반영은 가능한 것과 가능하지 않은 것을 더 분명하게 보게 함으로써, 시간과 에너지를 보존하고 절망을 내보낸다. 삶의 어떤 것은 변화하지 않는다. 어떤 사람은 다른 방식으로 일하는 것에 개방적이지 않다. 어떤 상황은 변경될 수 없고, 어떤 관계는 고쳐지지 않으며, 어떤 상실은 영구적이다. 그러나 언제나 그러한 것은 아니다. 통제가 가능한 것에 집중함으로써, 또한 우리가 통제할 수 없는 것들을 수용하기를 배울 수 있다. 삶에는 잃음과 얻음이 있다. 삶은 우리가 두 가지를 모두 인지하고 있을 때 더 나아진다.

야생마는 사랑받는다고 느끼는 것을 수월하게 한다.

우리가 자신의 정서와 연결을 유지할 때, 사랑의 감정은 우리의 삶에서 현저하게 중요한 부분을 차지한다. 우리자신의 느낌을 이해하고 인내하는 것을 배움으로써, 타인의 느낌에 대한 신호를 인식하기가 쉬워진다. 자녀의 목소리에서 슬픔, 혼란, 두려움이 들리면, 우리는 하던 일을 멈추고 걱정하며 자녀의 말을 귀담아 듣는다. 우리가 아끼는 사람의 눈에서 상처와 분노를 본다. 그리고 공감한다. 우리가 자신의 느낌에 연결되어 있다면, 다른 사람에게 우리 자신의 더 많은 부분을 줄 수 있을 것이다. 만약 그렇게 한다면, 우리가 생각했던 것보다 더 많은 사랑이 우리에게 있음을 발견할 것이다.

타인을 더 많이 아낄수록, 그에 대한 사랑은 더욱 많이 성장한다. 어쩔 수 없다; 그것이 우리의 뇌가 작동하는 방식이다. 나는 자만하고 자기중심적인 사람을 그린 훌륭한 코미디를 기억한다. 그는 모든 재산을 잃고 부잣집 여성과 결혼했다. 그 여성은 병적으로 무기력하고 실수투성이에 서툴렀다. 그러나 또한 관대하고 베푸는 사람이었다. 그 남자는 아내를 돌보고 보호하기 시작하면서, 아내에 대한 사랑도 키워갔다. 비록 마음에 내키지 않은 상황을 받아들인 스스로에게 자부심을 느끼기도 했지만, 이제서야 그는 사랑받는다고 느끼게 되었다. 그의 생애에서 처음으로 충만감을 느낀다.

사랑받고 싶은 욕구만큼이나 타인에게 더 많은 사랑을 줄 수 없다는 것에, 우리는 고통받는다. 우리가 타인을 사랑하지 않거나 사랑할 수 없다면, 타인을 사랑하는 사람들보다 생존할 가능성이 적다. 남을 돌보고 위하는 일은 우리자신을 생존하게 하는 방법이다.

명상하기 위해 앉을 필요는 없다.

바쁜 삶을 살아가는 우리 대부분은 삶의 속도를 늦추고, 성급하게 마음을 먹기보다 평온하게 마음을 돌아보는 태도가 필요하다. 하지만 활동에서 비활동으로 변화해야 한다는 의미는 아니다. *야생마타기* 등의 명상은 언제나 정자세로 앉아서 수련하지 않는다. 명상은 움직이거나 다른 형태로도 수련할 수 있다.

움직이면서 명상을 하더라도, 빠른 걸음의 기술적이고 문제지향적 존재방식으로부터 보다 느리고 내적인 층을 갖춘 존재방식으로 전환될 필요는 있다. 이것은 좁고 빠르게 흐르는 개울에서 시작하여 보다 천천히 흐르는 깊은 강으로 나아가며 수영하는 것과 같다.

매 순간마다 우리의 느낌에 연결하도록 도와주는 명상은 춤이나 노래 부르기처럼 예술적 표현의 형태를 취하기도 한다. 다음은 폴라(Paula)에 대한 이야기이다.

노래가 필요한 의과 대학생

나는 **폴라(Paula)**라는 환자를 오직 한번 만났다. 그러나 그녀를 잊을 수 없다. 왜냐하면 그녀는 자신의 느낌과 연결할 때 어떻게 완전히 변화하는가를 보여주는 예이기 때문이다. 폴라는 자신을 의대의 최우수학생이라고 소개했다. 그녀는 그만큼 성취해 왔고 잘해 왔지만, 자퇴하고 싶어 했다. 그녀는 학업을 계속한다는 생각을 견딜 수가 없었다. 3년 넘게, 폴라는 공부 외에는 다른 것을 거의 하지 못했다. 그녀는 더 이상 수업시간에 앉아 있거나 시체를 보거나 전공서적을 읽는다는 생각을 하기가 싫었다. 폴라는 의대와 연관된 모든 것에 극심한 증오를 가지고 있었기 때문에, 나는 맨 처음 왜 그녀가 의사가 되고 싶어했는지 물어보았다.

폴라는 아이들을 매우 사랑했고 소아과 의사가 되는 것이 언제나 자신의 꿈이었다고 설명했다. 고등학교 때 아동 쉼터에서 자원봉사를 시작한 이후로, 기타를 치고 노래를 부르며 아이들을 응원하면서 매 주말을 보냈다. 그 경험은 매우 충만했고 아이들을 돕겠다는 바람으로 가득 찼다. 나는 폴라에게 의대를 다니는 동안 자원봉사를 지속했는지 물어보았다.

"오, 아니에요. 지난 3년간 아이들 근처에도 가보지 못했어요. 시간이 없었거든요. 저는 성적을 유지하기 위해 밤낮으로 공부했어요."라고 그녀는 대답했다.

"공부를 덜하면 어떨까요?"라고 나는 제의했다.

"제일 처음 의사가 되고자 했던 자원봉사 같은 경험을 다시 해 보는 것은 어떨까요? 당신의 모든 시간을 공부에 헌신하는 대신, 사랑과 관심이 필요한 아이들과 함께 기타를 치고 노래를 부르는 것은 어떨까요?"

"저는 아마 의대에서 낙제하게 될 거예요."

"어쨌든 자퇴하고 싶은 당신의 마음을 고려하면, 잃은 것은 없을 것 같은데요?"

폴라는 우리의 대화를 다시 생각해 보고 결정사항을 알려주겠다고 했다. 약 1년 후, 그녀의 소식을 다시 듣을 것이라는 희망을 거의 저버릴 때 쯤, 그녀에게서 전화가 왔다. 그녀는 그 자원봉사를 다시 하기 시작했고 의대도 졸업했다고 말했다.

"어떻게 그럴 수 있었어요?" "작년은 지난 3년만큼 힘들지 않았나요?"

"의대는 전혀 힘들지 않았어요. 공부하는 것은 문제가 아니었어요; 사실 좋았어요. 제 공부가 매주 노래하고 기타 치면서 놀았던 아이들과 연결되었다고 느꼈기 때문이죠. 저는 음악 안에서 제 자신에게 몰두할 수 있었어요. 잠깐이었지만."

폴라는 많이 공부하지 않았고 최우수학생으로 졸업하지도 않았다. 그러나 그녀는 자신이 기대했던 것보다 훨씬 잘해 냈다. 그녀는 권위있는 아동병원의 우수 인턴 의사로 취업하였다.

정서를 향해 내적으로 초점을 전환시키는 명상은, 상황을 경험하는 우리의 방식을 변화시킨다. 우리는 자신이 하는 일을 좋아하지 않는다는 것을 종종 발견한다. 그러나 폴라가 했던 것처럼 그 상황에 대해 질문을 던지면, 문제에 대한 해결책을 발견할 수 있을지도 모른다. 최고의 결정은 종종 우리가 느끼는 것과 왜 그렇게 느끼는지를 인지함으로써 얻어진다. 바쁜 사람들은 대체로 자신의 내적 초점을 찾기 위해 바쁘지 않은 상태로 변화시키려고 노력한다. 그러나 모든 사람들이 그렇게 조용히 머무는 방식을 취하지는 않는다. 어떤 사람들은 예술을 통해 자신의 내적 초점을 발견한다.

우리가 느끼는 것에 초점을 맞출 수 있는 보다 활동적인 방식 또한 매우 다양하다: 악기연주, 그림, 춤은 우리의 인식을 열고 극적으로 경험을 변화시킬 수 있는 활동들이다. 지적으로 초점을 맞출수록, 폴라가 그랬던 것처럼, 머리와 심장을 연결하는 수련으로 전환시키고 싶은 욕구도 커진다. 그 과정은 또한 우리자신에 대해 예상치 못한 놀랍도록 좋은 것을 알려준다.

느낌을 타는 것이 일상에서도 명상을 연습할 수 있는 방법이다.

매우 변화무쌍하고 빠르게 움직이며, 수렵 채집민의 뇌(hunter-gatherer brains[4])가 감당하기에는 혼돈스러운 세상 속에서, 당신의 느낌과 연결을 유지하는 것은 당신의 삶을 올바른 노선으로 되돌려놓는 훌륭한 방법이다. 또한 하다말다를 반복하는 경험이 아니라 삶의 한 방식으로 받아들인다면, 당신의 집중을 유지하게 하는 도구가 될 수 있다. 당신은 운명에 의해 움직이는 느낌이 아닌, 고삐를 잡고 정보에 근거해 의사결정을 할 수 있다. 자신의 내적 경험을 인지하고 유지하는 사람으로서, 당신은 이전에는 가지지 못했던 선택안을 가진다. 당신은 행동하기 전에 추론할 수 있다. 행동하기 전에 기다리거나, 후회할지 모르는 것을 할 수도 있다. 당신은 사랑받는다고 느낄 때, 그렇지 않을 때, 당신의 사랑을 받는 사람과 함께 있을 때, 당신의 요구에 진정으로 와 닿는 선택을 만들 수 있다는 것을 알 것이다.

온종일 우리의 느낌과 연결시켜 주는 명상은 우리의 삶을 이해하게 도와준다. 우리는 연결이 끊긴 세상 안에서 표류하고 불만족한다. 그 스트레스가 가득한 혼란을 가로질러 감으로써, 우리는 자신 안에서 닻

4) 문명화되기 전의 인류가 생존을 위해 최적화시킨 뇌를 의미함. 인류가 지상에 존재한 10만여년 중 99%는 수렵 채집민 상태로 살았기 때문에, 우리의 뇌는 아직 수렵 채집민 단계에 있다고 함(옮긴이 주)

을 발견할 수 있다. 어디에 가나 함께하는 보호 등껍질이 있는 거북이처럼, 우리는 자신의 안전과 웰빙을 위한 영구적 자원을 발견한다. 정서적 자기인식과 이를 양육하는 연민이 습관이 되었을 때, 우리는 삶에 사랑을 가져오는 지혜와 힘의 근원을 갖추게 된다.

8장

변화를 위한 도구상자

무엇보다, 그 순간 강렬한 정서로 발화된 압도적 스트레스는 사랑받는 느낌의 방식을 방해한다. 반복된 경험이 이를 증명하고 있다. 그럼에도 불구하고, 시시각각으로 변하는 정서적 스트레스는 우리가 깨닫고 관리하는 것을 배울 수 있는 무언가라고 할 수 있다. 올바른 도구만 있다면, 우리는 자기 관찰자가 되고 스트레스에 압도되기 전에 그것을 감소시키는 행동을 취할 수 있다. 그렇게 함으로써, 우리는 신체적 · 정서적 웰빙을 크게 향상시킬 뿐만 아니라 사랑받는다고 느낄 가능성도 높일 수 있다.

이 장에서는 순간적 스트레스의 새로운 두 가지 관리 도구를 소개한다. 이 도구는 스트레스를 관리하고 정서적으로 깨어있게 하며, 자신의 통제 하에 머물 수 있게 하는 기술을 구축시켜 준다. 이 장에서 이 도구의 개요를 설명할 것이다. 하지만 Helpguide.org 웹사이트의 자유로운 단계별 프로그램(정서지능 도구상자)과 연동되어 있으므로 이를 활용하면 좋을 것이다. 컴퓨터, 태블릿, 휴대폰을 통해 웹사이트와 도구상자를 활용해 보라.

스트레스를 사랑으로 대체하기 위한 도구상자

Helpguide.org의 도구상자는 두 가지 기본 기술을 훈련시키는 로드맵이다. 하나는 순간적으로 빠르게 스트레스를 감소시키는 방법이고, 또 다른 하나는 정서적으로 깨어있고 자신의 신체적·정서적 느낌과 맞닿게 하는 방법이다. 신생아는 말도 하기 전에 주 양육자를 통해 자신이 안전하고 정서적으로 이해받는다고 느끼고, 이를 학습한다. 이런 측면이 도구 상자의 두 가지 기술과 닮아 있다. 아이는 이러한 기술을 타고 나지 않는다. 이 기술은 학습된 습관이다. 신생아가 이 기술을 학습할 수 있다면, 당신도 할 수 있다. 도구상자의 첫 번째 도구, '스트레스의 빠른 완화' 의 효과는 다음 이야기를 통해 잘 설명될 수 있다.

자녀를 체벌하는 부모를 멈추게 하는 스트레스 부수기 프로그램

2004년 내가 주도했던 지역사회 아동발달 학술대회의 후속으로, 스트레스를 빠르게 감소시키기 위해 감각자극을 탐색하는 예비연구가 수행되었다. LA의 YMCA 교사와 낮 시간 돌봄교실·방과 후 프로그램의 수업조교들은 자신과 그들이 감독한 아동에게서 세 가지 스트레스 반응을 탐색하도록 훈련받았다. 그 후, 교사와 조교는 자신이 정의한 스트레스 원인을 빠르게 없애주는 감각법을 교육받았다.

대부분의 아이들이 근면한 한부모 가정에서 왔기 때문에 장시간 동안 이 프로그램을 받을 수 있었다. 두 살짜리 아이도 10시간에서 하루 내내, 집과 부모로부터 떨어져 있었다. 하루 일과가 끝날 때쯤이면 그곳은 아수라장이 되었다. 과도하게 스트레스 받은 부모가 배고프고 지치고 스트레스로 가득찬 아이들을 데리러 왔던 것이다. 어떤 아이들은 부모와 거리를 두며 부모를 맞이하지 않으려 했다. 어떤 아이들은 눈물을 보이거나 자기 형제들과 싸움을 시작했다.

예비연구는 아이들에게 다양한 감각경험을 소개했다. 급속하게 성장하는 아이들의 뇌가 특히 스트레스에 취약하다는 것도 교육하였다. 교사에게는 스트레스에 대한 자동적 반응—싸움, 도피, 마비—과 우리 대부분이 어떻게 선호하는 방식을 갖게 되는지도 교육했다. 스트레스 원인에 대한 자신의 반응을 인지하는 첫 번째 학습을 통해, 교사는 자신이 돌보는 아이들에게서 스트레스의 균형이 무너졌음을 발견할 수 있었다. 다음으로 우리는 교사들에게 압도된 스트레스를 균형있게 되돌리고 아이들에게 매우 신속한 도움을 제공할 수 있는 감각입력 사용법을 가르쳤다.

스트레스를 감소시키는데 감각입력이 중요하다는 사실을 깨닫게 된 교사들은, 하루종일 다양한 감각자극을 제공하는, 감각적으로 풍부한 환경을 만들어 냈다. 학교의 벽면은 예술 프로젝트를 소개하는 무지개색으로 표현되어 큰 즐거움의 원천이 되었다. 아이들은 쉬거나 먹을 때, 음식을 맛볼 뿐만 아니라 냄새를 맡도록 격려받았고 진정형 음악과 자연의 소리를 들었다. 영양 간식은 색과 맛에서 더욱 다양해졌다.

정서적으로 붕괴 직전의 아이들에게는 운동장을 뛰게 하고, 반면 너무 조용한 아이들은 자신이 좋아하는 교사 옆에 앉도록 허용했다. 어떤 아이들은 자신의 스트레스 원인을 인지하기 시작했고 교사가 문제를 알아채기 전에 도움을 청했다.

오래지 않아, 부모는 자신의 아이들에게서 극적인 변화를 눈치 채기 시작했다. 전에는 화내고 울던 아이들이 지금은 평온하고 즐겁고 행복하게 집으로 돌아갔다. 부모는 무슨 일이 벌어졌는지 물어보았고 이 연구에 대해 알게 되었다. 많은 부모들이 자신도 이 훈련을 받을 수 있는지 문의해 왔고, 우리는 부모들에게도 훈련을 제공하기로 했다. 훈련을 받은 부모들은 자녀들이 해 온 대부분의 "나쁜" 것이, 어떻게 다뤄야 하는지 모르는 스트레스 원인으로부터 나왔다는 것을 깨달았다. 방과 후 프로그램 학생들은 스트레스 통제에 대해 더 알고 싶어했다. 그래서 우리는 10세 이상의 학생들을 대상으로 주말 교육프로그램을 제공했다.

9개월 후, YMCA 교사 대상의 첫 번째 집단에 참여했던 교사들이 새로운 교사집단을 교육하게 되었고, 나는 교육생 부모들을 면담하였다. 나는 그들에게 학습의 결과로 변화된 것이 있는지 정직하게 말해 달라고 했다. 많은 사람들이 들려준 이야기는 나를 완전히 놀라게 했다. "나는 아이들을 때리는 것을 멈췄어요. 행동을 바꾼 이유는 내 아이의 행동을 관리하는 더 나은 방법을 발견했기 때문이에요." 한 부모가 내게 말했다 "아이들마다 스트레스에 반응하는 방식에 차이가 보여요. 10살 아들이 화를 낼 때, 동네를 달리고 오라고 합니다. 8살 딸이 통제 불능으로 울기 시작하면, 제 옆에 잠시 앉아보라고 말하죠." 훈련을 받은 교사들은 자신의 수업을 녹화했고 아이들이 서로에게 행동하는 방식에 차이를 나타냈다고 보고했다. 전에는 남을 놀리던 아이들이 다른 학생들과 이야기하고 그들을 달래기조차 했다. 정말 극적인 변화였다.

이 훈련은 부모, 조부모, 사춘기 직전 아동(10-12세), 10대, 위기청소년을 대상으로 지속적으로 시행되었고 성공적이었다.

스트레스에 재빠르게 반응하는 두 가지 방법이 있다. 지난 장에서는 믿을 수 있는 사람과 얼굴을 보면서 대화하는 것에 집중했다. 그러나 자신을 위해서 타인이 일주일 24시간 내내 대기할 수는 없다; 혼자일 때도 스트레스로부터 균형을 되찾아야 한다. 부모, 교사, 아이들과 마찬가지로, 우리 자신도 스트레스에 어떻게 반응하는지 깨닫고 균형으로 가져오는 감각과 연결할 수 있다.

우리 모두는 스트레스를 순간적으로 빠르게 낮추기 위한 자신만의 도구를 가지고 있다.

우리는 스스로 극심한 스트레스를 줄일 수 있고, 그것을 빠르게 줄일 필요가 있다. 훌륭한 스트레스 감소 기법들은 많다. 하지만 대부분의 기법들은 스트레스가 편안지대를 벗어남을 인식한 후, 위협을 느낄 때 경험하는 자동적 반응이 일어나기 전, 그 몇 초 내에 실시되기가 어렵다. 위협-실제하든 상상하든 간에-에 대한 자동적 반응은 빠른 대처를 필요로 한다. 친구, 동료, 사랑하는 이를 대면하는 상황에서 스트레스를 느낀다면, 갑자기 요가를 하거나 동네를 한 바퀴 내달릴 수 없다. 다행히 우리가 할 수 있는 일이 있다.

우리가 선호하는 감각과 잘 만났을 때, 그 감각은 우리를 즉시 진정시키고 스스로에게 집중하도록 한다. 특히 좋아하는 노래나 특별한 멜로디를 들을 때, 사람들은 즉시 평온해진다. 사물이 보이는 방식에 특히 예민한 사람은 특별한 색, 그림, 풍경을 보고 즉시 이완된다. 반면 촉각에 가장 예민한 사람들은 촉감으로 진정됨을 느끼고 재빨리 평온함을 느낀다.

빠른 스트레스 완화는 우리가 시작할 수 있는 빠른 스트레스 반응이다.

스트레스에 가장 빨리 반응하는 것은 신뢰할 만한 얼굴이다. 당신을 친절함과 사랑으로 바라보는 그 얼굴이다. 그러나 당신을 즉각적으로 달래고 평온하게 하는 움직임, 듣고 보고 만지고 느끼고 냄새 맡거나 맛볼 수 있는 것도 신뢰로운 얼굴만큼이나 효과적이다. 몇 가지 예를 들어보겠다. 특정 장소에 손바닥을 누르고 촉감을 느끼기, 위를 쳐다보고 평화로운 하늘을 받아들이기, 당신 근처에 있는 식물이나 꽃의 내음을 맡고 그것을 만져보기, 눈을 감고 지나가는 차의 웅웅거림을 듣기, 눈을 감고 멀리서 들려오는 수다 듣기, 민트를 빨면서 향에 집중하기, 흔들의자에 앉아 흔들거리기.

당신이 아이였을 때 당신을 달래주던 것을 기억하는 것이 탐색을 시작하기에 좋은 지점이다. 당신에게 에너지를 주는 동시에 평온하게 하는 감각을 찾게 되면, 그 안에 침잠할 수 있는 시간을 가져라. 깊은 숨을 쉬고 자신의 신체가 어떻게 느끼는지 알아차리고 그 감각을 받아들여라. 그리고 눈을 감은 채로 기억으로부터 그 경험을 반복하라. 예를 들면, 얼굴, 감각, 맛, 향을 생생하게 기억할 수 있다. 그 감각은 자신을 달래주던 그 순간의 경험과 같은 정도로 신경계에 영향을 줄 만큼 충분히 강렬하다.

선호하는 감각은 매우 다양하다. 정확하게 동일한 신경계를 가진 사람은 없다. 그래서 감각선호가 정확하게 같은 사람도 없다. 즉, 음악소리, 촉감, 향기, 안정감을 주는 시각 이미지는 모든 사람에게 동일하지 않다는 의미이다. 자신의 선호감각을 탐색하고 자신의 신경계에 가장 잘 침투했던 그 경험을 발견하는 것은 자기 자신에게 달려 있다.

하나의 감각적 도구가 모든 상황에 적합하지는 않다.

운전하는데 뒤에서 누군가 경적을 울릴 때, 사람들에 둘러싸여 있지만 외로움을 느낄 때, 사랑하는 사람 때문에 화나거나 상처받거나 위협감을 느낄 때, 우리는 하나 이상의 감각도구를 가질 필요가 있다. 상황에 따라 빠른 스트레스 완화에 더 효과적인 도구는 다를 수 있다.

직장 회의중일 때, 전화할 때, 줄서 있을 때, 정서적으로 자극하는 사람들과 한 방에 있어야만 할 때가 그러한 상황들이다. 이럴 때, 하나의 감각도구만 가지고 충분한 이완과 집중을 유지하며 그 일을 해 나가는 것은 어려울 수 있다. 우리는 다양한 환경을 항해하고 상황에 도전할 만한 감각도구를 지닌 충분히 큰 가방이 필요하다. 또한 환경이 우리에게 미치는 영향에 관심을 유지하도록 돕는 또 다른 도구가 필요하다. 그 도구는 우리가 사회적 · 정서적 스트레스를 인지하고 감소하도록 돕는다.

야생마를 타는 명상은 도구상자 안의 두 번째 도구이다.

시시각각의 정서적 인식은 여러 이유로 연결을 잃을 수도 있지만, 모든 정서를 다시 연결하는 법을 배움으로써 되찾아야 하는 생득권이다.

당신이 이완하고 집중할 수 있고 정서적으로 깨어 있는 상태를 유지하도록 도와주는 명상

*야생마타기*는 조용히 또는 움직이면서 수행할 수 있고, 눈을 감거나 또는 뜬 채로 수행할 수 있는 마음챙김 명상이다. 명상은 이완과 함께 시작한다. 이완과정은 당신이 신체의 감각을 느끼도록 돕고, 정서와 연결을 유지하는 방법을 가르친다.

움직이면서 명상을 하려면, 명상을 암기할 필요가 있다. 그리고 나서, 다칠 위험이 없는 환경에서 몸을 움직이면서 명상을 실시한다. 예를 들어, 고른 땅 위를 천천히 걷거나, 수영장에서 수영을 하면서 명상할 수 있다. 이런 경우, 큰 알람소리를 가진 타이머를 활용하여 명상 시간이 끝났음을 확인하는 것도 괜찮다.

어떤 명상이든 도전적일 수 있다. 특히 위협적으로 보이는 정서와 감각을 느끼는 데 집중하는 명상은 더욱 그러할 것이다. 당신이 경험한 삶의 경험이 어떠한지에 따라, 분노나 슬픔과 같은 경험이 당신을 압도하고 통제할까 봐 두려워할 수도 있다. 그런 이유에서 당신이 빠른 스트레스 완화에 익숙해지고 당신을 불편하게 하고 통제력을 잃게 하는 스트레스를 조정하는 데 자신감이 생길 때까지, *야생마타기* 명상을 시작하지 말라고 충고한다. 정서는 좋은 것이다. 그러나 두려움을 느낄 때 정서적 경험은 스트레스가 된다. 따라서 *야생마타기*를 활용한 당신의 정서 탐색은 안전하고 통제할 만한 수준에서 시작하여야만 한다.

당신의 야생마를 타라.

*야생마타기*는 머리에서 발끝까지 당신의 신체 부위들을 쥐어짜면서 시작한다. 신체 부위들을 이완시키고 신체 부위들이 품고 있는 감각의 느낌을 더욱 인지하게 만들려는 목적에서 그렇게 한다. 중급과정에서는 다른 신체 부위들과 다르게 느껴지는 신체 부위를 찾기 시작한다. 튀어나온 감각은 다른 신체 부위들의 감각보다 더 강하고 더 정서적이거나 더 강렬한 것으로 묘사될 수 있다(튀어나온 감각은 마비감각일 수도 있다). 이 부분을 찾은 후, 상급명상에서는 중간 수준의 고통감에 약 10분 동안 집중한다. 마지막으로, 최상급 명상은 더 오랜 시간 동안 더 강한 감정에 집중한다. 이 책의 부록에 *야생마타기* 명상의 4단계 안내서가 있다.

간섭하는 생각이 일어날 수 있다. 그러나 당신이 그것을 알아차리자마자 깊은 숨을 쉬면, 몸에서 신체적·정서적으로 느껴지는 감각 경험에 다시 집중할 수 있다. 기억에 대한 명상을 수행하고 모든 신체적·정서적 느낌에 쉽게 집중할 수 있게 되면, 타인과 함께 있을 때도 *야생마타기*를 하고 싶을 수도 있다.

당신이 트라우마를 겪고 있다고 의심되거나 알고 있다면, 몸에서 신체적 · 정서적 감각을 구별해 내는 것이 더 어려울 수 있다. 당신이 기꺼이 천천히 하고 그 과정에 인내심을 가지며, 빠른 스트레스 이완법에 종종 의지하면서 더 편안하다고 느낄 때까지 그것을 단기간 동안 실시해 본다면 문제없이 해낼 수 있을 것이다. 만일 치료적 지원이 필요한 상황이라면, 그 과정을 진행할 때 치료적 지원을 받는 것이 도움이 될 것이다.

대부분의 새로운 습관을 익히는 데 2-3개월이 걸리고, 완전히 이해하는 데는 여러 해의 지속적인 연습이 필요하다. 그러나 한 달 동안 매일 *야생마타기*를 연습한다면, 이 새로운 습관을 성공적으로 형성할 수 있다. 매 회기 후, 올바르게 연습해 왔다면, 당신은 더 감각적이고 정서적이고 에너지가 생기고 각성된 느낌을 보상받을 것이다. 거의 즉각적으로, 과거에서는 알아차리지 못했던 자신과 타인들에 대한 일을 알아차리기 시작할 것이다. 자신과 타인들에게 존재하는 기회와 문제를 알려주는 비언어적 신호들을 수집하기 시작할 것이다. 그리고 더 많이 느끼고 덜 생각하기 시작할 것이다. 타인에 대한 예민성이 성장하기 시작했음을 알아차릴 것이다.

야생마를 타는 것은 당신의 삶을 바꿀 것이다.

야생마타기 명상은 강하게 느껴지는 것에 다가가게 하기 때문에, 이러한 이점을 얻을 수 있게 한다. 당신의 에너지를 어렵고 도전적인 느낌에 집중시킴으로써, 당신은 실제로 그러한 느낌의 스트레스 영향을 감소시키기 시작할 것이다. 또한 정서적·신체적으로 불편한 것에 집중함으로써, 그것 주위의 스트레스 에너지를 소멸시킨다. 그리고 상황에서의 통제를 되찾을 수 있다. 이 미묘한 절차를 처음에는 이해하기 어려울 수 있다. 그러나 연습을 통해 명상의 영향이 분명하게 될 것이다: 스트레스 원인을 다스리는 힘을 얻고 정서적으로 더욱 깨어있게 된다.

비록 우리는 느낌보다 생각에 집중하는 것에 훨씬 익숙하지만, 두 가지 과정은 동시에 발생한다. 처음 *야생마타기* 명상을 배우는 동안, 생각은 당신의 의도에 영향을 미친다. 또한 생각은 느낌에 집중을 유지하려는 당신의 의도를 무시한다. 이후, 당신이 그 연습에 익숙해지면, 당신의 느낌에 더 이상 집중하지 않더라도 느낌을 인식하고 있다는 것을 알아차리기 시작할 것이다. 당신이 일상의 활동을 계획하고 생각할 때, 다른 곳에 집중하더라도 실존하는 배경처럼 정서적 인식을 경험할 것이다.

우리의 정서를 둔화시키는 데는 굉장한 양의 에너지가 들어간다. 우리가 더 이상 정서경험을 두려워하지 않으면, 이 에너지는 건설적인 방법으로 사용가능해질 것이다. 우리가 동시에 생각하고 느낀다면, 느낌을 피할 때보다 더 많은 뇌의 힘과 연결할 수 있다. 정서지능은 우리가 느끼는 것을 인식하는 능력에 근본을 두고 있다. *야생마타기*는 정서지능을 구축하기 위해, 세계 많은 곳에서 사용되어 왔다.

사회적 · 대인관계적 수준에서, 우리의 느낌을 아는 능력은 타인의 느낌도 알아차리게 해 준다. 느낌을 아는 능력은, 우리에게 공감적이고(타인의 느낌에 민감하고) 적절한 반응을 할 수 있도록 한다. 또한 우리가 사랑하는 사람들이 사랑받는다고 느낄 수 있도록, 우리의 능력을 열어주는 열쇠가 된다.

습관을 들여야만, 필요할 때 쓸 수 있다.

연습은 우리의 뇌에 새로운 기술을 통합하게 한다. 며칠 만에 익힌 것을 영구적으로 배우려면 몇 달이나 몇 년이 걸릴 수 있다. 새로운 학습이 당신 삶의 지속적인 부분이 되려면, 그것이 뇌에 박힐 때까지 매일 연습할 필요가 있다. 그렇게 하지 않으면, 이미 당신의 뇌에 박혀 있는, 더 오래 되고 더 잘 구축된 방식의 반응이 새로운 학습을 무시할 것이다.

"사용하지 않으면 잃는다"는 구절은 단지 근력에만 적용되는 말이 아니다; 우리가 성인이 되어 학습하는 새로운 정신적·정서적 기술을 보유하는 데에도 적용할 수 있다. 아동이 새로운 기술을 그렇게나 빨리 획득하는 이유 중의 하나는 제 2의 본능이 될 때까지 학습한 것을 연습하기 때문이다. 이것은 성인이 종종 실패하는 이유이다. 성인은 어떤 것을 이해하는 것이 학습하는 것이라고 생각하는 실수를 저지른다. 그러나 그것은 항상 진실은 아니다. 위협감이나 스트레스를 느끼는 자동적 반응은, 깊게 학습되지 못했거나 통합되지 못한 새로운 지식을 쉽게 무너뜨릴 수 있다.

바람에 맞서 야생마를 타는 습관

많은 사람들이 개인적으로 또는 크고 작은 집단 내에서 *야생마타기* 명상을 학습하였다. 이 명상을 배운 가장 독특한 집단–지지적이지 않은 문화권에서 매우 빠르고 철저하게 학습하였기 때문에 독특하다고 볼 수 있다–은 일본 매니저 집단이었다.

자신의 정서를 연결하여 트라우마를 치유한 관리자들

나는 매우 큰 일본회사에서 워크숍을 진행하게 되었다. 35명의 노련한 매너저들이 업무수행에서 사실상 정지상태에 있었다. 그 회사는 최근 대규모의 구조조정을 통해, 각 매니저가 감독하던 많은 사람들을 해고시켰다. 그 일은 매니저에게 트라우마가 되었고, 그들은 많은 것을 성취하기 어려웠다. 그 문제는 구조조정 때문에 체면이 깎였다는 그들의 인지와 연관된 것으로 보였다. 또한 정서표현은 프로답지 못하다는 신념 때문에 문제가 더 커졌다. 나의 역할은 문화적 금기에도 불구하고 그들이 자신들의 정서와 다시 연결하게 돕는 것이었다. 이를 통해, 생산적으로 일할 수 있는 동기와 에너지를 다시 획득하도록 돕는 것이었다.

그 워크숍은 5일 내내 지속되었다. 마지막 날에는 그들이 학습한 것을 비호의적인 문화 속에 통합시키는 데 전념했다. 성공하기 위해서는, 핵심신념과 습관이 굉장히 짧은 시간 안에 극적으로 변화해야만 했다. 다행히, 우리에게 몇 가지 도움되는 점이 있었다: 우리는 혼란스럽지 않았다. 각 매니저는 동기가 높아서 예전만큼 생산적인 삶으로 되돌아가고 싶어 했다. 사장도 우리의 성공에 기여했다. 공개적으로 워크숍의 정서적 주제를 승인하는 말을 하여, 모든 참가자들이 그 가치를 알게 하였다.

하루 동안 집단은 *아생마타기* 명상을 학습하였다. 그리고 자신의 정서를 면대면 회기에서 공유하였다. 저녁시간에는 제조업 디자이너로서 그들의 능력을 발휘할 수 있는 창의적인 프로젝트를 실시했다. 그들은 자신의 정서

노동의 결실이 작품으로 쏟아져 나오는 것을 볼 수 있었다. 저녁회기에는 집단 창의성의 훌륭한 모범 사례가 나왔다: 내가 본 중에서 가장 인상적인 디자인이 이 회기에서 나왔다. 하루를 마무리하면서 생산한 양질의 작업으로 고무된 남성들은, 자신이 가지고 있는 잊혀졌던 정서를 탐색하는 과정을 수행하였다.

훈련가로 사는 동안, 나는 이보다 더 크게 쏟아져 나오는 날감정(raw feeling), 공감과 집단 지지를 경험한 적이 없다. 실제로 정서 표현이 열렬히 환영받는 분위기 속에서, 그 누구도 오래 묵은 또는 새로운 분노/슬픔/기쁨을 감추지 않았다.

나흘 째 날의 마지막 시간에, 많은 트라우마 상실이 드러났고 안전과 사랑의 느낌으로 대체되었다. 마지막 날에는 학습한 것을 유지하는 전략을 개발하였다. 그 워크숍은 상호 감사와 사랑의 감정이 가득 찬 전통적인 만찬으로 마무리되었다.

2년 후, 나는 그 회사대표로부터 전화를 받았다. 모든 참가자들이 매니저로서의 역할을 성공적으로 재조정했다. 워크숍의 마지막 날 세웠던 계획에 따라, 그 때 모였던 집단은 한 달에 한 번 모여 서로에 대한 그들의 느낌을 공유하였다. 더욱이 각 참여자들은 자신들이 감독하는 사람들과 주간모임을 가지면서, 일과 관련된 느낌을 논의하였다. 2년 넘게 이러한 일상은 워크숍에서 얻은 극적인 변화를 성공적으로 유지시켰다.

일반적으로, 자신의 느낌에 낯설거나 불편한 사람들이 정서적 인식을 발달시키기는 매우 어렵다. 위 사례에서 기술한 환경-간섭이 덜하고 강한 사회적 지지와 집단원의 특별한 동기-은 학습을 위한 독보적인 기회를 만들었다.

정기적으로 수행한다면, 새로운 수련은 정서적으로 친숙하지 않은 환경조차 견딜 수 있게 한다. 새로운 학습을 사회적으로 응용하고 타인에게 연습할 때, 특히 더 그러하다. 매우 사회적인 우리의 뇌는 사회적 맥락에 의해 자극을 받기 때문이다.

성공적인 학습을 위해 자신을 준비시켜라.

새로운 기술세트를 학습하는 것은 노력이 필요하며 쉽지 않다. 특히 당신의 에너지가 우울, 불안, 다른 도전으로 조금씩 무너지고 있다면, 더욱 그러하다. 그러나 당신이 작은 일부터 시작한다면, 당신이 하루 중 가장 에너지가 있을 때 가끔씩 걸음마를 시작한다면, 새로운 기술을 학습하는 일은 생각보다 쉬울 수 있다. 변화는 2단계 앞으로, 1단계 뒤로 가는 과정임을 기억하라. 장애물을 만나더라도 게을러지지 않도록 노력해라.

도구상자 안의 기법들은 당신이 이미 가지고 있는 자원들을 끌어내는 것뿐이다: 당신의 감각, 당신의 정서적 뇌는 선택되어 사용되기를 기다리며 대기하고 있다. 매일 30분 정도 시간을 비워두고, 도구상자의 기술들을 학습하는 것이 가장 이상적이다. 그러나 여기서 10분, 저기서 10분-하루 중에 여러 시간-도 괜찮다. 연습할 때는, 휴대폰을 끄고 당신을 졸리게 하거나 정서적으로 마비시키는 물질을 피하고 뇌의 감각과 정서적 부분을 찾아내라.

타인과의 소통은 당신이 배운 것을 유지하도록 돕는다.

타인과의 대면소통은 우리의 뇌를 자극하고 학습한 내용을 기억하는 좋은 방법이다. 우리는 자신의 말을 들으면서 그 말로부터 배운다. 감정을 담아 말할 때, 우리는 타인에게 더 큰 영향력을 미치며 더 강한 인상을 준다. 지적인 소통뿐만 아니라, 정서적으로 의사소통하는 것은 과거의 상처를 달래고 치유할 수 있는 더 깊은 치료적 과정이 될 수 있다. 이 모든 이유 때문에, 나는 이러한 기술을 연습할 때 당신이 학습한 것을 타인과 면대면으로 공유할 것을 추천한다. 당신의 경험에 대해 잘 들어주는 사람과 이야기하라. 이야기할 때 당신의 감각과 확실하게 연결하라. 그 사람 얼굴을 쳐다보고 목소리를 듣고 자신의 정서를 느껴라. 경험을 해석하지 말고 그 대신 당신이 느낀 것과 당신의 신체를 통해 경험한 것을 말하라. 당신의 명상에 대해 편하게 말할 사람이 없다면, 마치 타인에게 말하고 있는 것처럼 일기를 써 보라. 당신이 다른 사람에게 말했을 법한 내용을 쓴 후에, 거울 속의 자신을 쳐다보면서 쓴 내용을 천천히 읽어보라. 일기쓰기와 자신에게 말하기가 타인과의 소통을 대체한다는 의미는 아니다. 이러한 연습은 타인과 공유하는 방식을 통해 사랑받는 느낌을 만드는 힘보다는 부족할 수 있지만, 정보를 보존하는 데는 도움을 줄 수 있다.

뇌 성장을 자극하는 다양한 관점을 통한 학습

Helpguide.org에서 볼 수 있는 정서지능 도구상자는 무료 프로그램이다. 보고 읽고 듣고 실행할 수 있는 기회를 제공하는 도구들로 구성되어 있다. 다양한 감각법을 사용하여, 뇌 신경세포의 시냅스 연결을 증가시킬 환경을 창조해 낼 수 있다. 평생 지속되는 뇌의 가소성은 새로운 시냅스 연결이 형성될 수 있도록 한다. 그리고 이 연결은 기억에 깊은 영향을 미치고 생리적 변화를 허용한다.

이것은 새로운 정서적 · 사회적 학습의 잠재성을 자극하고, 그 과정을 가속화한다. 다양한 관점으로부터의 학습은 시간과 에너지의 투자와 자신만의 속도를 조절하는 능력을 요구한다. 우리는 진보를 원한다. 그러나 또한 즐기는 방식으로 그 과정을 만들어 갈 필요가 있다. 순간순간 새로운 학습을 반영하기 위해 잠시 멈추는 것은 우리가 배운 것이 뇌에 영향을 미칠 시간을 마련해 준다.

4부

사랑받는 느낌을
연습하는 비결

성인은 새로운 방식의 느낌, 사고, 행동을 학습할 수 있다. 그러나 그 과정의 성공은 종종 새로운 학습을 쉽게 기억할 수 있는 작은 단계들로 나눌 수 있느냐에 달려 있다. 사랑받는 느낌의 비법(The recipe for feeling loved)은 성인학습과 오랜 임상경험 연구로부터 영감을 받았다. "AA/CC/RR"은 도전적 상황에서도 긍정적인 관계를 키워가기 위해 쉽게 학습할 수 있는 비법을 제공한다. 이 비법은 앞서 소개한 이 책의 정보와 과학을 공고히 한다. 이 비법은 다중미주신경이론, 긍정심리학, 신경생리학, 정서지능을 통합하여, 스트레스를 이완하고 타인과 연결하고 당신의 편안함이나 안전을 위협하는 문제를 성공적으로 해결하기 위한 임상활동에 적용된다.

여섯 개의 영역은 세 개의 하위영역으로 나뉘고 각 영역은 두 글자로 표현된다. 두 영역 중 첫 번째는 AA다. 천천히 정서적 환경에 초점을 맞추면서 먼저 자신을 ***평가하고(assess)*** *다음으로 타인을* ***평가함(assess)***을 *말한다. 이렇게 하는 것은 뇌의 정서적, 지적 영역과 완전히 연결될 때 작동하는 사랑받는 느낌을 가능하게 한다. 당신과 타인이 경험하는 스트레스 수준과 정서적 유용성, 그 상*

황의 적절함을 평가하기 위해 시간을 갖고 잠시 멈추면 당신은 안전지대로 움직이기 시작한다. AA평가는 위협받는 상황에서 싸움 또는 도피반응을 피하도록 한다. 그 반응은 거의 도움이 되지 않고 대체로 혼란만 가중시키기 때문이다.

이 비법의 다음 장은 CC, ***소통하고(communicate) 연결하는(connect)*** *것이다. 신뢰를 구축하고 혼란을 정리하는 방식으로 경청하고 말하면서 이슈를 다루어 나가야 함을 강조하는 것이다. 상대방의 말에 귀기울이며 그 주제가 상대방에게 얼마나 긴급하고 중요한지 알고 난 다음에야, 당신은 당신의 관점을 설명할 준비를 갖추게 된다. 자신과 상대방의 욕구에 대한 정보를 가지고, 당신은 상대방 또는 자신의 이슈와 연결을 유지하며 소통할 수 있다. 이러한 소통 방식은 당신과 반대의견을 가진 사람들조차 당신을 이해하고 존중하도록 만든다. 이렇게 인간 신경계의 가장 진화된 부분을 활성화하는 안전한 관계가 만들어지면, 서로간의 이해는 더욱 깊어진다.*

당신이 사랑받는 느낌의 비법 첫 네 개 영역에서 만들어 낸 상호신뢰는, 성공적으로 도전과제를 직면하고 후반(RR, ***다시 틀을 짜고(reframe) 반응하기(respond)****)에서*

문제를 풀 수 있도록 당신을 준비시킨다. 소통하고 연결하기(CC)는 당신의 이해를 깊게 하고 당신의 관점을 확장시키거나 새로운 관점을 만들어 준다. 이렇게 유리한 지점에 선 당신은 보다 정보를 갖춘 상태에서 창의적이고 유연한 방식으로 반응할 수 있을 것이다. 어려운 문제일수록 간단하게 해결되지 않는다. 대부분의 해결책들은 딱 맞아 들어갈 때까지 조정해 나가야 한다. 어떤 해결책들은 계속 활용하기 위해 때때로 재조정의 시간을 가져야 한다. 그러나 관계문제의 해결책은 일반적으로 과정이 더 중요하기 때문에, 이러한 재조정이 문제가 되지 않을 것이다—실제로, 재조정은 더 많은 신뢰를 창조하기 쉽다.
다음 이어지는 장에서는 직장, 가정, 친밀한 관계에서 직면하는 어려움을 기술하고 있다. 그리고 이러한 상황들은 도전적이지만, 사랑받는 느낌의 비법—AA/CC/RR—을 반영하는 행동과 함께 접근할 때, 그 상황들은 학습의 장이 되고 지혜는 더욱 성장할 것이다. 도전은 문제를 효과적으로 해결할 뿐만 아니라, 당신의 관계를 향상시키고 당신의 삶에서 충만감과 지속적인 행복감을 가져오는 기회가 될 수 있다.

9장

긴장된 직장관계에서도 소통을 계속 열어두기

사랑받음을 느끼기 위한 비결

평가하라. 당신의 스트레스, 정서적 깨달음, 환경을 평가하라.

평가하라. 그 장면에서 상대방의 스트레스와 편안함의 수준을 평가하라.

소통하라. 느낌을 듣고 질문하면서 소통하라.

연결하라. 타인의 감정과 연결을 끊지 않은 상태에서, 자신의 느낌을 표현하여 연결하라.

재구성하라. 상황에 대한 자신의 지각을 재구성하라.

반응하라. 재설정한 지각 안에서 행동으로 반응하라.

사랑과 한계를 설정한 여성

질리언(Gillian)은 첫 직장을 얻었을 때 매우 기뻤다. 질리언의 첫 직장은 저명한 사회서비스 기관으로 빈곤가정에 지원 서비스를 제공하는 곳이었다. 그녀의 동료들은 굉장히 친절했고 협조적이었다. 센터장 필리스(Phyllis)는 유명인사로 많은 존경을 받는 사람이었다. 필리스는 휠체어를 쓰는 장애인임에도 불구하고 현재의 자리까지 고속 승진했다.

질리언은 처음 기대했던 대로 자신의 일이 도전적이고 흥미롭다는 것을 발견했다. 그러나 이 후, 직장과 그녀의 연결이 거의 끊어질 뻔한 일이 벌어졌다. 질리언은 토요일에 일했고 수요일은 휴무였다. 이는 질리언에게 딱 맞는 스케줄이었다. 왜냐면 그녀는 테니스를 치는데, 주중에 테니스장을 이용하기가 더 쉬웠기 때문이다. 질리언이 수요일 테니스 게임을 하러 막 나가려는 순간, 회사동료로부터 긴급한 전화를 받았다. 질리언이 봤다고 말한 적이 있는 파일이 즉시 필요한 상황이었는데, 그 동료는 도저히 파일을 찾을 수 없다고 하소연했다. 동료는 질리언에게 잠시 들러 찾아봐 달라고 간청했다. 마침 회사가 테니스장 가는 길에 있었기 때문에 질리언은 회사에 잠깐 들르기로 했다.

테니스 복장을 하고 질리언은 회사로 달려갔고 파일장을 뒤지기 시작했다. 마침내 그녀는 잃어버린 파일을 찾았다. 필리스가 지나가면서 짧은 테니스 스커트를 입고 파일장을 뒤지기 위해 허리를 굽힌 질리언을 보았다. 필리스는 화가 폭발했다. 유리잔이 깨질 것 같은 목소리로, 필리스는 소리질렀다. "어떻게 감히 그렇게 전문가스럽지 못한 복장으로 회사에 나올 수 있나요?"

질리언은 경고없는 공격에 너무 창피해서, 거의 숨을 쉴 수 없었다. 그녀의 마음은 멍해졌고 그녀가 대응하면 무슨 일이 벌어질지 생각하기 어려웠다. 그래서 그녀는 뒤를 돌아 사무실에서 나왔고 테니스장을 향해 운전했다. 그리고 테니스 공을 세게 치면서, 자신의 마음을 정리할 수 있었다. 비록 자신의 일을 사랑하지만, 질리언은 존중받지 못한다고 느껴지는 환경에서 일할 수 없다는 것을 깨달았다. 그녀는 필리스와 이에 관해 소통하고 싶었다. 그러나 먼저 그녀는 평정심을 찾는 시간이 필요했다.

다음 날 아침 일찍, 질리언은 걸어서 출근했고, 필리스에게 간섭받지 않고 편하게 이야기할 수 있는 시간이 언제인지 물었다. 필리스가 준비가 되었을 때, 질리언은 면대면으로 얼굴을 볼 수 있도록 정면에 앉았다. 질리언은 필리스가 아무리 자신에게 화가 났을지라도 꼭 공공장소에서 자신의 감정을 표현해야 했는지 이유를 물었다. 질리언의 목소리는 진지했다. 그래서 필리스는 그녀에게 불편한 기색없이 사실을 말했다. "나는 그렇게 짧은 치마를 입고 파일장을 향해 허리를 굽히고 있는 당신을 보고 너무 놀랐어요. 심지어 당신의 속옷도 보였어요. 옷차림은 내게 매우 중요합니다. 우리가 서비스하는 사람들은 대부분 가난해요. 나는 그들에게 진정한 전문가의 모습을 보여주고 싶습니다. 그런 캐주얼 복장은 이 사무실에 어울리지 않습니다."

질리언은 잠깐동안 필리스의 말을 충분히 받아들인 후 천천히 대답했다. "저는 당신의 관점과 복장 규정을 매우 존중합니다. 그러나 저는 어제 일하려고 사무실에 들른 것이 아닙니다. 잊어버리셨을 수도 있는데, 수요일은 제 휴무날입니다. 테니스를 치러 가려던 차에, 사무실에서 긴급한 전화가 와서 들러 달라고 했어요. 저는 호의로 사무실에 들렀는데, 그런 식으로 공공장소에서 창피를 당해서는 안 된다고 생각합니다." 평온하지만 단호한 목소리로, 질리언은 계속 이어갔다. "저는 여기에 배우러 왔고 저의 실수를 교정해 주시는 것에 감사합니다. 저는 당신을 좋아하고 존중합니다. 저는 이곳에서 일하는 것이 좋지만, 윽박지름을 당하고 여러 사람 앞에서 창피를 당할까 봐 두려워하면서 제 업무에 최선을 다하기는 어렵습니다."

질리언은 필리스가 자신의 말, 상처받은 느낌과 그것을 기반으로 한 결정을 받아들일 때까지 인내심 있게 기다렸다. 필리스는 꽤 길게 느껴지는 시간 동안 조용히 있다가, 입을 열었다. "미안해요, 나는 당신을 다치게 하거나 당혹스럽게 할 의도는 없었어요. 하지만 그렇게 해 버렸네요. 아무도 내가 낸 화가 자신에게 얼마나 어떤 영향을 미치는지, 이토록 분명하게 설명해 준 사람은 없었어요. 나는 앞으로는 당신에게 화내지 않도록 최선을 다하겠어요."

신뢰롭게도, 필리스는 자신의 약속을 지켰다. 필리스는 회사 사람들에게 종종 화를 내기도 했다. 하지만, 그녀는 절대 질리언에게 공식적이나 개인적으로 소리를 지르지 않았다. 나아가 이 대화 이후, 필리스는 질리언을 배려했고 이전에 주지 않았던 특별한 관심과 기회를 부여했다.

회사에서 일어나는 많은 상처받는 일들은 성공적으로 해결될 수 있다. 그러나 그런 일은 거의 일어나지 않는다. 우리는 시간을 갖고 우리의 느낌을 이해하고 타인의 관점에서 경청하고 직장 동료와 정서적으로 더 가까워질 수 있는 위협적이지 않는 방식으로 소통할 필요가 있다.

종종 상황을 평가하기 시작할 때, 어떤 말을 하거나 행동을 하기 전에 당신은 당신과/당신이나 상대방이 멈추고 기다릴 필요가 있다는 것을 깨닫는다. 모든 사람이 충분히 분명하게 생각하고 정서적으로 깨어 있어 안전하고 편안하다고 느끼기 전에 대화를 시작하는 것은 전혀 의미가 없다.

직면은 좀더 깊은 수준에서 연결할 수 있는 기회이다.

우리는 대부분 직면을 피한다. 왜냐하면 직면은 일을 더 악화시킬 뿐이라고 믿기 때문이다.그러나 직면을 회피하는 것은 인간관계를 틀어지게 하는 것과 같다.

분개심은 적절하게 행동하고 분명하게 생각하는 역량을 닳아버리는 순간에 자라날 수 있다. 나아가, 비위협적인 직면은 사람들이 우리를 더 좋아하고 존중하게 만들어 주는 잠재력을 가지고 있다. 남의 말을 잘 들어주는 사람과는 그의 의견에 동의할 수는 없더라도 종종 신뢰로운 동료사이가 된다.

10장

다른 욕구를 둘러싼 갈등을 해결하기

사랑받음을 느끼기 위한 비결

평가하라. 당신의 스트레스, 정서적 깨달음, 환경을 평가하라.

평가하라. 그 장면에서 상대방의 스트레스와 편안함의 수준을 평가하라.

소통하라. 느낌을 듣고 질문하면서 소통하라.

연결하라. 타인의 감정과 연결을 끊지 않은 상태에서, 자신의 느낌을 표현하여 연결하라.

재구성하라. 상황에 대한 자신의 지각을 재구성하라.

반응하라. 재설정한 지각 안에서 행동으로 반응하라.

자신들의 다름을 사랑받는다고 느낄 수 있는 기회로 전환한 커플

같은 대기업에 다니는 **패티(Patty)**와 **칼(Carl)**은 직접 만나기 전까지 여러 해 동안 전화로만 이야기했다. 패티가 전화상에서 느꼈던 칼의 인상은 흥겨운 산타클로스 같은 남자였다. 한편 칼은 패티를 진지하고 매력적인 여성으로 느꼈다. 마침내 회사 행사에서 얼굴을 봤을 때, 그들은 상대방이 매우 멋지고 매력적인 이성이라는 사실을 발견하고 놀라워했다. 그들은 서로에 대해서 완전히 다른 인상을 가지고 있었다. 이것이 그들의 관계에 불꽃을 일으켰다.

그들 사이에는 중요한 차이점이 있었다–칼은 외향적이고 패티는 내향적이었다. 그러나 이 차이는 오직 서로에 대한 그들의 매력을 더 강화하는 것처럼 보였다. 칼은 난생처음으로 강렬한 관심을 패티에게서 받았다; 그는 자신에게 그만큼 관심을 가지고 몰입해서 이야기하는 사람을 만난 적이 없었다. 그녀의 정서적 강렬함도 그를 황홀하게 했다. 천성적으로 수줍어하는 패티는 칼이 새로운 사람과 상황에 쉽게 다가가는 점을 사랑했다. 그의 장난기 많고 느긋한 성격도 좋아했다.

패티와 칼은 고독 욕구의 수준도 달랐다. 패티는 혼자 있기를 좋아했지만 칼은 몹시 무서워했다. 칼은 외동이었고 정서적 표현을 억제하는 가정에서 자랐다. 그는 남과 함께 있지 않으면 외로움을 느꼈다. 반대로, 패티는 어릴 적 남과 함께 노는 것을 즐겼을 뿐만 아니라, 오랫동안 혼자 노는 시간도 즐겼다. 자녀가 출생한 이후 자신만을 위한 패티의 시간이 줄어들면서, 그들의 상반된 고독 욕구는 문제가 되었다. 칼이 저녁에 퇴근하여 오기 전에, 그녀는 혼자 있을 시간을 몇 분이라도 찾으려고 노력했다. 그러나 그는 일찍 퇴근해서 자신의 일과를 나누고 싶어했고, 이에 패티는 좌절했다. 이 때문에, 칼도 상처받고 실망했다. 패티는 그의 실망감을 알아차리고 죄책감을 느꼈다. 그러나 자신이 원하는 조용한 시간을 잃어버린 것에 대해서도 분개했다. 이에 대해 칼은 철회하는 것으로 반응했고 직장에 더 오래 머물렀다. 각자의 기분이 좋아지는 방법의 차이는 함께하는 따뜻한 연결감에 큰 타격을 주기 시작했다.

처음, 칼이나 패티는 이 문제와 이 문제가 관계에 미치는 영향에 대해 이야기하지 않았다. 칼은 패티의 관심을 원하고 있는 스스로의 욕구에 당황스러움을 느꼈고 자신의 느낌을 이야기하는 것이 불편했다. 패티는 칼의 고통과 그것이 두 사람 사이에 어떤 영향을 미쳤는지를 발견하고서, 죄책감과 분노를 동시에 느꼈다. "그의 행복을 위해서 왜 나는 나의 중요한 시간을 포기해야 하지?"

패티는 칼을 사랑했다. 그도 자신을 사랑한다고 믿었다. 그녀는 그들이 예전에 가졌었던 강한 연결감을 매우 그리워했다. 그녀는 칼과의 관계개선을 위해 변화할 필요가 있는지 생각했다. 패티는 칼의 욕구를 알아볼 필요가 있었다. 혹은 적어도 더 잘 이해할 필요가 있었다. 그녀는 자기 정서 표현이 익숙하지 않은 사람의 정서적 욕구를 탐색하는 일은 쉽지 않다는 것을 알았다. 그러나 그녀는 시도해야 했다. 또한 그녀는 칼이 그 대화를 위협적이라고 느끼지 않도록 안전한 환경을 조성할 필요가 있음을 알았다.

패티는 편안한 환경을 만들고 좋은 경청자가 되기 위해 마음을 가다듬기로 결심했다. 패티는 늘 하던 토요일 저녁 외식 대신, 아이들을 이모 댁으로 보냈다. 그리고 집안의 모든 전자기기를 껐다. 저녁식사 전에, 그녀는 따뜻한 샤워를 하고 외모를 다듬었다. 칼이 퇴근했을 때, 패티는 그의 옆에 앉았다. 그가 사랑받고 있다고 느끼는지 물어보면서 대화를 시작했다. 패티는 그 질문이 칼을 놀라게 했음을 알아차렸다. 그래서 그녀는 말했다 "나는 당신을 사랑해요. 당신이 나를 사랑한다는 것도 알아요. 그러나 당신은 진정으로 사랑받는다고 느끼나요? 당신이 나에게서 원하는 사랑을 얻고 있나요?"

오랜 침묵 후, 칼은 말했다, "언제나 그런 것은 아니에요."

패티는 물어보기 전까지는 상대방에게 무슨 일이 벌어지고 있는지 진정으로 알 수 없다는 것을 알고 있었다. 물어보더라도 진실을 말하지 않을 수도 있다는 것도 알고 있었다. 이런 생각을 하면서, 그녀는 자신이 칼 옆에 없을 때 칼이 어떻게 느낄 것 같은지를 묘사했다. 그리고 그녀가 그를 제대로 이해하고 있는 것인지 물었다. "내 말이 맞나요?" 그녀는 물었다. "당신이 퇴근했을 때, 내가 하는 일을 즉각 멈추지 않는 것이 당신을 실망시키고 마음 상하게 하나요?"

칼은 대답했다, "아마도 그런 거 같아요."

이를 시작으로, 패티는 자신을 설명하는 기회를 가졌다: "가끔 나는 혼자 있어야만 해요. 혼자 있지 않는다면, 너무 스트레스 받을 것 같아요. 그러나 나는 고민에 빠졌어요. 왜냐하면 당신을 실망시키면 나도 기분이 나빠지니까요" 그녀는 자신의 보살피는 말투가 칼에게 좋게 느껴지고 있음을 알 수 있었다. 왜냐하면 그의 얼굴이 이완되었기 때문이다. 패티는 이어갔다, "나는 당신이 어떻게 느끼는지를 더 이해하고 싶어요. 내가 하는 일을 멈추고 당신에게 말을 하지 않을 때 당신 기분이 어떠한지 말해 주겠어요?"

칼은 망설이며 느리게 대답했다: "퇴근하고 돌아온 나를 보고 당신의 얼굴이 밝아지는 것을 보고 싶어요. 그렇지 못할 때 실망하는 것 같아요. 나는 당신의 관심에 너무 매달리는 것이 부끄러워요. 나는 내 스스로, 또는 당신이 나를 관심에 집착하는 사람이라고 보지 않았으면 좋겠어요."

패티는 칼의 손을 잡았다. "나는 당신의 부끄러워 하는 마음을 무시하지 않아요" 그녀는 말했다 "사실, 나는 당신의 그런 모습에 많은 매력을 느껴요. 내가 무슨 일을 하든 그 일이 당신보다 더 중요하진 않아요. 그러나 내가 사랑받는다고 느끼려면, 나에게는 혼자 있는 시간이 필요하다는 것을 이해해 주었으면 좋겠어요. 나는 당신이 나의 그런 부분을 존중해 주길 바래요."

칼은 그 말을 듣고 말했다. "나는 지금까지 당신의 혼자 있고 싶은 마음을 진정으로 이해하지 못했던 것 같아요. 나는 사랑받는다고 느끼고 싶어요. 그러나 당신도 사랑받는다고 느꼈으면 좋겠어요. 어떻게 하면 우리 둘 모두 원하는 것을 얻을 수 있을까요?"

그들의 개인적 욕구를 수용하는 일상생활의 변화를 만들어내는 데에는, 약간의 생각과 실험이 필요했다. 더 일찍 잠자리에 들고 아이들이 깨기 전에 일어나기로 하면서, 두 사람은 마주앉아 자신에게 중요한 것을 함께 이야기 나눌 시간을 확보했다. 패티는 저녁식사 전에 자신만의 시간을 계속 가졌고, 칼은 퇴근 후 저녁식사까지 자녀들과 놀았다. 이러한 조정 덕분에 저녁식사 시간을, 가족 전체를 위한 더 많은 연결의 기회로 만들 수 있었다.

수용과 관심에 대한 우리의 욕구는 다양하다. 그러나 이러한 차이로 우리의 관계를 폄하할 필요는 없다. 욕구의 차이를 공개적으로 이야기할 때, 그 욕구는 더 큰 이해와 연결의 기회가 된다. 욕구의 일부가 다르더라도, 우리 모두는 사랑받기를 원한다.

패티가 칼에게 그가 사랑받는다고 느끼는지를 물었던 예시와 마찬

가지로, 상황을 평가하는 데 도움이 되는 질문은 종종 소통과 연결 과정의 부분이 된다. 이처럼 배려깊고 생각을 북돋우는 질문은 이해와 돌봄의 교류를 통해 다양한 성공적인 결과의 가능성을 높인다.

다름을 이야기하는 것은 더 큰 정서적 연결을 만들어 낸다.

우리는 종종 우리와 다른 사람에게 끌린다. 왜냐하면 그들은 매력적이고 도전적이고 열정적이고 우리를 자극하기 때문이다. 그들은 새로운 생각, 관심, 존재방식을 드러낸다. 그들은 심오하고 혼란스러울 수 있다. 그러나 절대 지루하지 않다. 이러한 차이점을 환영하고 그들을 이해하는 것을 학습함으로써, 우리는 이해와 지혜 안에서 성장하게 된다. 또한 우리는 우리의 삶에 더 큰 사랑을 가져오고 더 많이 사랑받는다고 느낄 수 있는 기회를 획득할 수 있다.

11장

단절된 가족관계를 다시 연결하기

사랑받음을 느끼기 위한 비결

평가하라. 당신의 스트레스, 정서적 깨달음, 환경을 평가하라.

평가하라. 그 장면에서 상대방의 스트레스와 편안함의 수준을 평가하라.

소통하라. 느낌을 듣고 질문하면서 소통하라.

연결하라. 타인의 감정과 연결을 끊지 않은 상태에서, 자신의 느낌을 표현하여 연결하라.

재구성하라. 상황에 대한 자신의 지각을 재구성하라.

반응하라. 재설정한 지각 안에서 행동으로 반응하라.

자신의 감정을 건설적으로 표현하는 것을 배운 동생

리지(Lizzie)와 그의 언니, 샌디(Sandy)는 친하다. 너무 가까워서, 샌디가 열네 달 더 나이가 많았지만, 실제로 오랫동안 쌍둥이로 오해받았었다. 그 둘은 떨어지지 않고 매 순간 함께 놀았다. 그러나 샌디가 열세 살이 되었을 때, 그 관계는 극적으로 변화했다. 샌디는 갑자기 커져 버렸지만, 열두 살인 리지는 아동의 몸이었고 아이 같은 관심을 유지하고 있었다. 그들은 생전 처음으로 다투고 싸우기 시작했다. 엄마 아이린(Irene)은 그 변화를 눈치챘으나 중재하지 않았다. 자녀 스스로 그들의 차이를 극복할 시간을 주는 것이 최선이라고 생각했다. 그런 그녀의 생각은 매우 험악한 상황들을 직면한 후에 변화했다. 자매는 신체적으로 서로를 공격했고 할퀴고 피를 흘렸다.

아이린은 확신할 수 없었지만, 리지가 공격자인 것처럼 보였다. 그래서 그녀는 리지가 편안한 상태일 때를 골라서, 그 상황에 대해 대화해 보기로 했다. 또한 자신도 편안한 시간으로 선택했다. 운동과 화초 쇼핑을 끝낸 후인, 점심시간을 대화시간으로 정했다. 아이린은 평온하게 최근 자매 사이에서 있었던 분노와 불쾌감에 대해 이야기했다. 그리고 그녀는 자매가 왜 그렇게 서로에게 화내는지 알고 싶다고 말했다. 아이린은 샌디가 좋아하는 물건을 왜 그렇게 자주 가져가는지, 또 왜 그렇게 화를 내고 신체적으로 언니를 다치게 하는지 리지의 마음을 이해하고 싶었다.

"샌디는 너무 거만하고 자기만 생각해요." 리지는 폭발했다. "언니는 더 이상 나와 함께 있거나 놀고 싶어하지 않아요." 리지는 울기 시작했다. 어떤 이유에서 언니가 자신과 아무것도 하고 싶어하지 않는다고 생각하는지를 이야기했다.

아이린은 리지의 말과 이면의 정서를 수용했다. 그리고 물었다. "언니가 무시하는 것 같다고 말하는 거지?"

리지는 대답했다. "네."

연민을 느끼며 아이린은 말했다. 리지가 언니와 함께하는 것을 그리워하는 것처럼 들린다고 말해 주었다. 그리고 무시받는 것은 정말로 그녀의 마음을 아프게 했고 리지도 언니의 마음을 아프게 하고 싶다는 것처럼 들린다고 말해 주었다. 리지는 동의의 의미로 고개를 끄덕이면서 눈물을 글썽였다.

그리고 아이린은 리지가 자신이 느끼는 것을 언니에게 자발적으로 말할 수 있을지 물었다. "샌디는 듣지도 않고 관심을 두지도 않을 거에요", 리지는 말했다. "그러나 문자를 보낼 수 있을 것 같아요."

"그게 통할지 잘 모르겠네." 아이린은 말했다. "네가 느끼는 것에 대해서 얼굴을 맞대고 이야기하지 않는다면, 샌디가 알아듣지 못할 수도 있어. 또한 둘 다 시간이 넉넉할 때 대화를 시작한다면, 그리고 네가 그 싸움에 대해서 어떻게 느끼는지를 언니에게 물어보면서 대화를 시작한다면, 언니가 네 말을 더 잘 귀 기울여 듣게 될 거야."

아이린이 리지와 대화를 나눈 후, 상황은 정리된 것처럼 보였다. 며칠 후, 아이린은 리지에게 언니와 이야기를 해 보았는지 물었다. "네, 얘기했어요." 그녀는 말했다. "샌디는 실제로 내가 언니를 싫어한다고 생각했대요. 정말 바보 같은 생각이지요."

"샌디가 너에게 더 많은 관심을 준다고 느끼니?" 아이린이 물었다. 리지는 어깨를 움츠렸다가 풀었다. "글쎄요. 그러나 예전만큼 화나지는 않아요. 중요한 것은 제가 전처럼 샌디와 함께 있기를 좋아하는 것 같지 않다는 사실이에요."

"그렇구나. 우리가 사랑하는 사람이 언제나 우리가 좋아하는 방식으로 우리 곁에 머물지는 않는단다; 그들은 변화하고 우리도 변화하지", 아이린은 말했다.

아이린과 리지의 이야기는, 타인의 이슈를 해결하도록 돕는 데 사랑받는 느낌의 비법을 활용할 수 있음을 말해주고 있다. 또한 위 사례는 우리에게 필요한 모든 해결책은 더 깊은 이해라는 점을 상기시킨다. 이야기속에 나온 자매는 서로에 대한 사랑을 재확인하였고 그 후, 그들을 갈라놓았던 문제는 사라졌다.

사랑받는다고 느끼지 못하면, 우리는 폭력적으로 변한다.

가족들 간에 행하는 서로 상처주는 말이나 행동의 대부분은, 실은 무엇보다 사랑받는 느낌에 대한 보다 큰 갈구를 나타낸다. 그러나 화나고 위협받는다고 느낄 때 우리를 압도하는 스트레스와 정서를 어떻게 관리하는지 알아야만, 우리는 소통, 연결, 해결의 기회를 얻을 수 있을 것이다.

우리는 문제를 해결하는 방법을 본능적으로 알지 못한다.

우리는 사회적·정서적 지능을 자동적으로 작동시키는 기술 상자를 가지고 태어나지 않는다. 운이 좋다면, 우리는 이러한 기술을 유년기에 학습한다. 그러나 그 후에도 이 기술을 학습할 수 있다. 대부분의 가족구성원들은 서로를 돌보고 사랑받는 느낌을 원한다. 그러나 위협감을 느끼면 스트레스가 이런 진짜 문제들을 휩쓸어 버린다. 스트레스는 항상 감정적이고, 우리에게 필요한 사랑을 주거나 얻을 수 없도록 반응적 장애물을 만든다. 하지만 사랑받는 느낌의 비법은 끊어진 연결감의 회복을 도울 수 있다.

12장

기억을 잃었을 때 연결을 유지하기

사랑받음을 느끼기 위한 비결

평가하라. 당신의 스트레스, 정서적 깨달음, 환경을 평가하라.

평가하라. 그 장면에서 상대방의 스트레스와 편안함의 수준을 평가하라.

소통하라. 느낌을 듣고 질문하면서 소통하라.

연결하라. 타인의 감정과 연결을 끊지 않은 상태에서, 자신의 느낌을 표현하여 연결하라.

재구성하라. 상황에 대한 자신의 지각을 재구성하라.

반응하라. 재설정한 지각 안에서 행동으로 반응하라.

상실 속에서도 연결하는 법을 발견한 남자

멜바(Melba)의 기억은 그녀의 남편 **카를로스(Carlos)**가 이를 심각하게 생각하기 오래 전부터 이미 사라지고 있었다. 여러 해 동안, 그는 아내의 건망증은 그저 별나고 사랑스러운 성격의 한 부분이라고 스스로 말해 왔다. 그는 그 문제를 인식하지 않았다. 혹은 하고 싶지 않았다. 경찰이 집에서 몇 블록 떨어진 곳에서 서성이고 있는 혼란스러운 멜바를 데리고 현관문을 노크했을 때, 카를로스는 아내의 건망증이 매우 심각해졌다는 것을 깨달았다.

이제 카를로스는 멜바의 기억이 얼마나 빠르게 망가지고 있는지 알게 되었다; 그녀는 종종 카를로스가 누구인지도 잊어버렸다. 멜바는 그녀가 잊어버린 것이 분명해 보이는 많은 일들을 알고 있는 척 하려고 노력했다. 그러나 카를로스는 멜바가 자신에게 무슨 일이 벌어지고 있는지 정말로 이해하지 못했다는 것을 알았다. 45세의 부인이 치매-아마도 알츠하이머-를 가지고 있었다는 사실을 직면하는 일은, 그가 겪었던 일 중 가장 고통스러운 일이었다. 상실감에 마비되고 가슴이 아팠지만, 카를로스는 진정하고 생각을 분명히 하려고 노력했다. 그리고 미래에 대한 계획을 만들기 시작했다.

카를로스는 해군에 간 아들을 잃어 봤기 때문에, 일어나고 있는 일에 대해 슬픔을 허용하는 것의 가치를 알고 있었다. 그는 그가 느낀 모든 것을 직접 경험하게 두었다. 삶에 대한 세세한 크고 작은 일들을 이야기하는 멜바의 능력은 사라졌다. 멜바의 기억 대부분도 곧 사라질 것이다. 그에 대한 기억마저도.

슬픔은 상실감을 깊게 했지만, 또한 여전히 연결할 수 있을지도 모를 아내의 부분들과 삶의 부분들이 아직 남아있을 수 있다는 것을 깨닫게 해 주었다.

그러나 먼저 멜바의 새로운 삶이 어떤 것일지 더 이해를 해야 했다.

멜바는 자신이 경험하는 것을 카를로스에게 말할 수 없었다. 그래서 그는 치매의 관점을 통해 세상을 보는 그녀의 감각을 더 잘 이해하기 위해 조사를 했다. 카를로스는 치매에 걸린 사람들은 혼란감을 느끼기 때문에, 이로 인해 두려움에 떨게 된다는 것을 배웠다. 한편으로, 멜바가 잃어버리지 않는 경험도 있었다. 그녀는 모든 종류의 감각적 자극에 반응을 보였다. 그녀의 기억이 더 심각하게 상실된 후조차도, 음악은 그녀를 달래고 진정시켰고 일정한 색, 향기, 맛은 그녀에게 계속 기쁨을 주었다. 그래서 카를로스는 멜바가 좋아하는 노래와 음악을 자주 듣게 했다. 그녀는 꽃을 사랑했다. 특히 노란색 꽃을 좋아했다.

그래서 그는 그녀가 보고 냄새 맡고 만질 수 있도록, 그녀가 볼 수 있을 만한 곳에 노란색 꽃을 갖다 놓았다. 비록 그 둘 사이의 대화는 갈수록 절망적이었지만, 그들은 소리, 동작, 웃음, 부드러운 손길을 통해서 여전히 비언어적으로 연결할 수 있었다. 나아가 초기 기억은 일정시간 동안 지속될 수 있기 때문에, 두사람은 그들이 젊은 시절에 함께 부르던 노래를 부르고 연주할 수 있었다. 카를로스는 멜바의 미소와 웃음을 볼 수 있었다.

카를로스는 멜바의 치매로 인해, 그의 삶에서 타인에 의해 채워져야 했던 사회적 간극이 생겼다는 것을 깨달았다. 이런 생각을 가지고, 그는 사회적 만남을 만들기 시작했다. 친구들과 행사에 참가했고, 자녀들, 친한 친구들과 개인적 문제를 이야기했다. 그는 멜바와 함께했던 삶을 그리워했다. 그러나 그들은 새로운 종류의 삶–훨씬 더 단순하지만, 공유할 수 있는 삶–을 함께 만들 수 있다는 것을 깨달았다.

카를로스는 그가 살아갈 미래를 구상했고 실행했다. 그가 없을 때 아내를 돌보는 스케줄도 만들었다. 멜바는 언제나 안전했고 절대 혼자가 아니었다. 스트레스 받고 인내심이 바닥나는 상황을 피하기 위해서, 카를로스는 자신을 돌봐야 한다는 것을 알았다. 그는 이웃과 몇 가지 품앗이를 약속했고 매일 휴식시간을 가졌다. 또한 그는 오랜 친구와 낚시 여행을 하면서 연간 2주의 휴식시간을 가졌다. 그가 없는 동안 딸이 멜바를 돌보았다. 그는 감사하게 받아들였다. 그렇게 한 덕분에 카를로스는 무기력을 덜 느꼈고, 미래에 대한 희망도 품게 되었다. 상실은 삶의 피할 수 없는 부분이다. 그러나 삶이 지속되는 한 우리는 사랑받는다고 느낄 수 있고 타인에게도 사랑받는다고 느끼게 할 수 있다.

사랑받는 느낌의 비법을 따라가는 일은, 특히 대화가 안 되는 사람과 소통해야 할 때 도전적으로 느껴질 수 있다. 그러나 부모는 어린 자녀와 정기적으로 비언어적 소통을 한다는 것을 기억하라. 또한 우리는 애완동물과 항상 말없이 소통한다. 사람들의 체험에 관한 몇몇 연구들은, 우리에게 이 과정에 대한 더 많은 자신감을 부여해 준다. 이 이야기는 큰 상실에 직면했을 때조차, 문제를 다른 틀로 보고 당신의 삶의 목적과 의미를 재구축하는 것이 가능함을 가르친다.

사랑받는다고 느끼기 위해서 생각할 필요는 없다

사랑받는 느낌은 태어나면서부터 시작되어 평생동안 유지되는 감각적, 정서적 경험이다. 우리의 감각은 죽기 전까지 온전하게 유지되기 때문에, 안전하다는 조건하에서 우리는 사랑받는 느낌을 지속할 수 있다. 치매를 앓는 사람은 혼란스러워지고 기억할 수 없고 지적으로 집중할 수 없음에 위협감을 느낀다. 그러나 타인의 관심을 받는 것은 이러한 두려움을 물리치고 안전하고 사랑받는다고 느끼게 만든다.

상실 후에도 사랑은 계속된다.

사랑의 연결은 매우 깊게 간다. 특히 오랫동안 존재했던 사랑이라면 더욱 그렇다. 이러한 심오한 친밀감과 소통은 그 사람이 더 이상 존재하지 않거나 우리가 사랑하는 그 사람의 부분들이 더 이상 존재하지 않을 때조차 지속된다. 우리가 상실했던 것을 그리워하고 슬퍼하더라도, 우리는 여전히 그 사랑의 경험 안에서 만족을 찾을 수 있다.

결론:

어떠한 환경속에서도 사랑받음을 느껴라.

자신의 물리적 환경을 바꾸지 않고 행복할 수 있다.

모든 사람이 삶을 수월하게 만드는 자원을 가지고 태어나는 행운을 얻는 것은 아니다. 가난하고 건강하지 않고 교육을 제대로 받지 못했고 가족이나 친구의 지원도 부족한 사람들이 많다. 그러나 사랑받는 느낌은 '가진 것' 못지않게 '주는 것'과도 관련된다. 따라서 당신은 여전히 가장 근원적인 힘의 원천을 이용할 수 있다–기꺼이 다른 사람들이 사랑받고 있음을 느끼게 하자. 다음은 희망 없고 공허한 듯 보이는 삶을 살고 있지만 자신의 환경을 변화시키지 않고 긍정적인 변화를 창조해낸 어떤 사람에 대한 이야기이다.

남을 도움으로써 사랑받는 느낌을 학습한 여성

카르멘(Carmen)에게는 불운이 계속 이어졌다. 성장하면서 아버지를 거의 보지 못했고 어머니는 그녀에게 관심이 없었다. 카르멘에게 학습은 고통이었다. 그녀는 16세에 고등학교를 자퇴했다. 20대와 30대, 그녀는 직업을 유지하기 어려웠다. 건강은 망가져 버렸다. 우울하게도 그녀는 자신의 작은 아파트를 거의 떠나지 못했다.

카르멘은 식료품 가게에서 한 남자를 만났고, 짧은 연애 후에 결혼했다. 남편은 그녀를 가정부처럼 취급하기 시작했다. 그러나 친구나 가족이 없었고 더 나은 삶에 필요한 기술도 없었으며 건강도 나빴기 때문에, 그녀는 다른 선택안 없이 사랑없는 결혼을 유지해 가기로 했다.

결과적으로, 카르멘의 정신건강은 더 나빠졌다. 그래서 집 근처 상담센터를 방문하는 것이 자신의 유일한 희망이라고 생각했다. 그녀는 생전 처음 안전하다고 느꼈다. 이 후 8년간, 그녀는 일주일에 한 번씩 상담센터를 찾았다. 시간이 흘러 희망이나 성장하고자 하는 의지가 거의 느껴지지 않는 자신의 공허한 삶을 이야기하게 되었을 때, 상담은 식상해져 버렸다. 카르멘은 이 시기에 여러 상담자들을 만났다. 그러나 성장이나 향상의 증거가 거의 없었기 때문에, 상담센터에서는 그녀를 "현상유지(maintenance) 내담자"로 불렀다. 그리고 새로 온 상담자 유코(Yuko)가 카르멘의 사례를 이어받았다.

유코는 카르멘에게 8년간 성공적이지 못했던 동일한 개입을 고수할 이유가 없음을 깨달았다. 또한 그녀는 카르멘이 보이는 것처럼 자신의 삶에 무관심하지 않다고 생각하기 시작했다. 그녀가 살아온 삶에서 사랑을 발견할 기회는 거의 없었지만, 카르멘이 사랑받는 느낌을 갈망한다고 생각하기 시작했다. 유코는 무엇을 제안해야 할지 몰랐다. 그러나 유코는 카르멘의 삶에서 의미와 행복을 찾기 위해, 카르멘을 돕는 실험을 기꺼이 시작했다. 카르멘에게 시간이 많다는 것을 알고, 유코도 그녀에게 근처의 자원봉사 센터를 방문해서 기회를 탐색해 보도록 제안했다. 유코도 같이 가겠다고 말했다.

그 센터는 매우 작았고 벽은 서랍장으로 그득했다. 자원봉사 코디네이터는 그 서랍장에는 자원봉사 일거리 자료가 10,000개 이상 들어 있다고 말했다. 그는 카르멘에게 적절한 일을 찾아낼 때까지, 세 가지씩의 일을(그녀가 원했던 양만큼) 동시에 주었다. 코디네이터는 그녀에게 특별히 좋아하는 일이 무엇인지 물었다. 그녀는 이렇게 말했다 "나는 바느질을 좋아해요." 카르멘의 대답에 유코는 매우 놀랐다. 카르멘에 관한 두꺼운 상담 파일 안에는, 카르멘이 바느질을 좋아한다는 말이 그 어디에도 없었기 때문이다.

자원봉사 코디네이터는 그녀가 일하고 싶은 특정 집단이 있는지 물었다. 평소답지 않게, 카르멘의 표정은 매우 좋았다. "나는 아이들과 작업하기를 좋아해요. 나는 아이들이 좋아요."

코디네이터가 말했다. "그렇다면, 이 일이 당신에게 적합할 것 같아요. 미혼모를 위한 크리텐 쉼터(Crittenden Home)에서 임산부와 아기 옷을 만드는데, 여자아이들을 돌봐줄 사람을 원해요. 그들 중 대부분은 10대 초반이에요."

카르멘은 자신의 집을 나와 모험을 즐기고 싶다는 생각이 강하게 들었다. 버스를 타고 크리텐 쉼터에 갔다. 쉼터에서 그녀는 12명의 임신한 10대와 3개의 오래된 재봉틀을 발견했다. 카르멘은 아이보다 더 많이 두려워하고 있는 그 소녀들과 자신을 동일시했다. 그녀와 마찬가지로, 그들은 두려워했고 혼자였으며 사랑받지 못한 것 같았다. 그러나 그들 역시 자신의 삶에서 무언가

건설적인 일을 열망하는 것처럼 보였다. 카르멘은 그들이 겪은 고된 역경에 마음이 움직였다; 그들은 오랫동안 아무 일도 일어나지 않았던 그녀의 마음을 건드렸다. 그녀는 다음 주에 또 오겠다고 약속했다.

머지않아, 카르멘은 자신의 학생들에게 애착을 가지게 되었다. 곧 그녀는 유코와의 상담시간 동안, 그들의 문제를 논의하기 시작했다. 카르멘이 자신의 학생을 이야기할 때마다, 관심과 돌봄뿐만 아니라 열정도 함께 느껴졌다. 카르멘의 이야기 속에는 소녀들이 그녀가 준 도움에 감사해 한다는 것이 분명하게 드러났다. "거기에는 정말 할 일이 많아요." 그녀는 유코에게 말했다. "거기 재봉틀이 좋지 못해요. 없는 부품도 있고 필요한 옷을 만들 만큼 재료도 없어요." 재료가 필요하다고 느낀 카르멘은 재료를 구하기 위해 중고상점과 직물상점을 뒤졌다. 그리고 중고 재봉틀을 좋은 가격에 구입할 수 있었다.

생전 처음, 카르멘은 자신이 한 일이 자랑스러웠다. 자신에 대해서 기분 좋게 느꼈다. 그녀는 자원봉사일을 하루 더 늘렸다. 일주일에 세 번 일하기 시작한 카르멘은 더 이상 상담에 오기 힘들다고 말하면서 미안한 마음을 전했다. 거기에는 그녀가 할 일이 너무 많았다. 그 후, 카르멘과 유코는 가끔씩 전화로 이야기를 나눴다. 그 전화에서, 카르멘은 쉼터의 한 소녀가 자기 아이 이름을 카르멘의 이름을 따서 카렌이라고 지었다고 자랑스럽게 말하기도 했다.

표면상으로, 카르멘의 삶은 거의 변화가 없었다. 그녀는 여전히 사랑 없는 결혼생활에서 아무런 지지도 받지 못했다. 그럼에도 불구하고, 그녀는 자신의 삶에서 그 어떤 것도 더 이상 똑같이 느껴지지 않았다. 왜냐하면 그녀는 자신이 원하는 경험이 무엇인지 발견했기 때문이다; 그것은 바로 행복과 충만감이다.

타인의 삶을 더 낫게 만드는 데 자신을 헌신한다고, 당신의 상황이 더 나아진다는 보장은 없다. 또는 당신이 돌보는 사람과 싸우거나 상처받지 않는다고 보장할 수도 없다. 그러나 확실한 것은 무슨 일이 벌어지든 당신의 삶에는 사랑이 있을 것이다. Helpguide.org 홈페이지를 방문하여 자원봉사의 놀라운 이득에 대해 더 읽어보기를 바란다.

당신이 제공해야 하는 것과 딱 맞는 것을 찾아내기 위해서는 생각하고 노력해야 한다.

그 자원봉사 센터에서 카르멘에게 오고 싶은 만큼 자주 오라고 말한 데에는 이유가 있었다. 당신에게 만족스럽게 적합한 일을 찾기 위해서는 다양한 자원봉사 선택안을 탐색할 필요가 있다. 하지만 안심하라. 당신의 사랑과 관심에 감사하고 필요로 하는 많은 사람들이 언제나 있을 것이다. 그들이 필요로 하는 것을 채워주려고 노력하는 동안, 당신은 종종 당신의 삶에서 가장 필요한 것을 찾아내기도 한다.

우리는 영원히 행복하게 살 필요는 없다. 그러나 잘 살기 위해서는 사랑받는다고 느낄 필요가 있다.

아무리 밑바닥에 서 있다 하더라도, 삶은 가능성으로 가득차 있다. 매일 아침 일어나서 세상으로 나아가는 일은 언제나 도전적이다. 그러나 당신이 사랑받는다고 느끼고 타인이 사랑받는다고 느끼게 하는 법을 알고 있다면, 삶은 절대 그 의미와 목적을 잃지 않는다.

과도한 과학기술의 스트레스부터 역기능적 아동기의 고통에 이르기까지, 삶의 어려움은 언제나 우리 주변에 있다. 그러나 사랑받는 느낌은 우리가 앞으로 나아가는 데 필요한 자신감, 동기, 에너지를 부여하고, 우리가 가진 것을 최고로 만들어 준다. 사랑받는 느낌 안에서, 우리는 타인을 도와주고 편안하게 해 주는 데 필요한 임파워먼트뿐만 아니라, 우리 모두에게 태생적으로 필요한 따뜻함과 안전감을 얻는다. 삶은 쉬운 길이 아니나, 절대적으로 의미 있고 만족스러운 길이 될 수 있다. 사랑받는 느낌은 도착지에 상관없이 이 삶이라는 여행의 열쇠이다. 사랑받는 느낌은 삶의 스트레스 해독제이다. 이것은 우리를 망가뜨리는 것을 극복하고, 우리의 삶을 더 높고 의미 있는 수준으로 끌어올리는 방법이다. 우리가 사랑받는다고 느끼고 타인이 사랑받는다고 느끼도록 도울 수 있기 때문에, 우리는 행복의 자원에 다가간다.

부록:

야생마타기 명상 대본

야생마타기 마음챙김 명상은 Helpguide의 정서지능 도구상자의 한 부분이다. 강렬한 정서에 마구를 채우고 타는 방법, 경험을 통제하고 유지하는 방법, 자신의 행동을 통제하는 방법을 가르친다. 명상과 함께 연습하고 들을 수 있는 도구상자를 온라인에서 찾아보라. 4개의 오디오 대본을 아래에 제시하였다.

*야생마타기*로 명상을 시작하기

깨어나기 위해 이완하라

안녕하세요, 저는 진 시걸(Jeanne Segal)입니다. *야생마타기* 마음챙김 명상을 시작하는 여러분을 환영합니다.

천천히 깊은 숨을 들이쉬고 마찬가지로 천천히 깊은 숨을 내쉬면서 이완하기 시작하세요. 여유롭게 또 다른 깊은 숨을 쉬세요. 이번에는 들이쉬고 내쉴 때, 당신의 가슴과 배의 움직임에 집중하도록 합니다. 세 번 더 느리게 숨을 쉽니다. 깊게 들이마시고 더 깊게 내쉴 때, 당신이 얼마나 많은 움직임을 경험하는지에 집중하세요.

깊게 숨쉬기를 계속하면서, "엉덩이뼈"를 바닥에 대고 당신의 등과 팔을 지지하면서, 편안하게 앉으세요. 당신의 마음에서 생각을 지우세요. 당신의 오른손에 관심을 집중하세요. 천천히 주먹을 꽉 쥐고, 유지하시고.... 천천히 푸세요. 손바닥, 손목, 손가락 하나하나의 피부, 근육, 관절의 감각을 알아차리세요. 더 이완하고 당신의 숨을 손으로 향하게 하세요. 그리고 오른손에서 발견한 감각을 알아차리세요.

당신의 오른팔에 집중하세요. 당신의 상박과 하박의 근육을 천천히 조이세요. 유지하시고.... 푸세요. 이완하시고 호흡을 오른쪽 팔에 향하게 하세요. 오른팔의 피부, 근육, 뼈에서 발견한 감각에 집중하세요.

이제 왼손에 집중하세요. 천천히 주먹을 꽉 쥐고, 유지하시고.... 푸세요. 왼손의 피부, 근육, 관절의 감각을 알아차리세요.

왼손으로 호흡을 향하게 하세요. 왼손의 손바닥, 손목, 손가락 하나하나에서 발견한 감각에 집중하세요.

이제 왼쪽 팔에 집중하세요. 상박과 하박의 근육을 점차로 조이세요. 유지하시고.... 푸세요. 이완하시고, 왼팔의 피부, 근육, 뼈에서 발견한 감각에 집중하면서, 숨이 왼팔로 들어가고 나간다고 상상하세요.

다음, 오른발과 발목에 집중하세요. 오른발 발가락을 모두 천천히 위로 드세요. 유지하시고.... 푸세요. 계속 숨을 쉬면서 이완하세요. 오른발과 발목에서 발견한 감각에 집중하면서, 당신의 숨이 당신의 이완된 오른발의 근육과 뼈를 통과한다고 상상해보세요.

당신의 오른쪽 허벅지와 종아리에 집중하세요. 허벅지와 종아리 근육을 조이세요. 유지하시고.... 푸세요. 오른쪽 다리에서 발견한 감각에 집중하면서, 피부, 근육, 뼈를 통해 숨을 쉬세요. 당신의 오른쪽 다리와 왼쪽 다리의 차이점을 느끼시나요? 당신이 더 녹아들고 이완하고 내려놓을수록, 더 많은 느낌과 감각의 경험을 알아차릴 수 있습니다.

이제 왼쪽 발과 발목에 집중하세요, 천천히 당신의 왼발의 모든 발가락을 들어 올리세요. 유지하시고.... 푸세요. 당신의 숨이 왼쪽 발과 발목의 근육과 뼈를 통과한다고 상상해 보세요. 녹아내리세요. 왼발과 발목에서 발견한 감각에 집중하면서 더 이완하세요.

당신의 왼쪽 허벅지와 종아리에 집중하세요. 종아리와 허벅지 근육에 힘을 주세요. 유지하시고.... 푸세요. 근육과 뼈를 통해 숨을 쉬시고, 왼쪽 다리에서 경험한 감각에 집중하세요.

다음, 골반, 배, 등 아랫부분에 집중하세요. 천천히 힘을 주고 당신의 골반, 위, 등 아랫부분을 조이세요. 유지하시고.... 푸세요. 이완하세요. 당신의 숨이 이 부분들에 향한다고 상상하세요. 당신의 골반, 배, 등 아랫부분의 근육과 기관에서 발견한 감각에 집중하는 동안, 당신의 몸이 더 녹아들게 하세요.

이제 당신의 가슴과 등 윗부분에 집중하세요. 당신의 가슴과 등 윗부분에 힘을 주세요. 유지하시고.... 푸세요. 당신의 숨이 당신의 심장과 폐를 포함해서, 근육과 장기로 향하게 하세요. 당신의 흉곽과 등이 녹아내리고 이완하게 두세요. 이 때, 가슴과 등 윗부분에서 발견한 감각에 집중하세요.

목, 뒷머리, 어깨에 집중하세요. 매우 천천히 당신의 머리를 가슴쪽으로 떨어뜨리세요. 유지하시고.... 천천히 머리를 드세요. 이제, 당신의 어깨를 귀 쪽으로 천천히 드세요. 유지하시고.... 어깨를 천천히 내려놓으세요.... 더 많이 긴장을 풀면서, 숨이 목과 어깨를 통해 지나다닌다고 상상해 보세요. 이때 당신이 발견한 감각에 집중하세요.

마지막으로, 얼굴과 머리의 뒷부분에 점차로 힘을 주세요. 당신의 이마, 턱, 눈 주위 근육, 코, 입을 포함하세요. 유지하세요.... 내려놓으세요. 당신의 숨이 더 녹아내리고, 당신의 머리와 얼굴의 피부와 근육을 이완한다고 상상해 보세요. 이때, 눈, 코와 입 주위의 근육과 당신의 뒷머리, 턱, 이마의 감각을 포함하여, 당신이 발견한 감각에 집중하세요.

초급 명상

이제 초급 명상을 살펴보려 합니다.

숨을 가득, 깊게 쉬기를 계속하세요. 발가락에서 시작해서 위로 올라오든, 머리에서 시작해서 아래로 내려오든-당신이 선호하는 것이무엇이든-, 당신 몸의 각 부분에 집중하기 시작하세요. 신체전반에서 피부, 근육, 신체의 모든 장기에서 발견한 것에 집중하세요.

스캔을 하다가 정서적으로 불쾌한 순간이 온다면, 눈을 뜨고, 명상으로 되돌아가기 전에 **빠른 스트레스 이완**을 사용하여 스트레스로부터 균형을 잡으세요. 계속해서, 신체를 천천히 스캔하세요. 약 5분 후, 제 목소리를 다시 들을 때까지 당신이 발견한 감각의 느낌을 알아차리세요.

(5분간 음악을 함께하세요.)

마무리

눈을 크게 뜨고, 서서, 당신의 발을 쾅쾅 구르세요. 당신의 손과 팔을 흔드세요. 당신이 느끼는 것보다, 내가 하는 말에 집중하세요.

이 과정에서 내적에서 외적으로 초점을 이동하는 것은 매우 중요합니다. 당신은 당신 몸의 느낌에 관심을 주었습니다. 이제 당신의 주변에 관심을 주세요. 당신은 이것을 하기 위해 느낌을 멈춰야 할 필요는 없습니다. 그저 당신이 느끼는 것에 집중하기를 멈추세요. 그리고 당신의 관심을 당신 주변의 세상으로 전환하세요.

오늘이나 내일, 당신이 지금 경험했던 것에 대해 다른 사람에게 이야기하는 것을 잊지 마세요.

마지막으로, 신체전반에서 느끼는 감각을 쉽게 알아차릴 수 있을 때까지, 이 명상을 계속 연습하세요.

야생마타기 중급 명상

깨어나기 위해 이완하라

야생마타기 명상의 중급과정을 경험하시게 된 것을 환영합니다.

이제 천천히 세 번의 깊은 숨을 쉬세요. 당신이 깊게 들이마시고 더 깊게 내쉴 때, 당신의 가슴과 배에서 얼마나 많은 움직임을 경험하는지 관심을 기울이세요.

깊게 숨쉬기를 계속하면서, 당신의 등과 팔을 지지하고 엉덩이뼈를 바닥에 대고 편안하게 앉으세요. 마음에서 생각을 없애고 오른손에 집중하세요. 천천히 주먹을 꽉 쥐고, 유지하고.... 내려놓으세요. 오른손의 피부, 근육, 뼈, 관절에서 발견한 감각에 집중하면서, 오른손으로 숨을 향하게 하세요.

당신의 오른팔에 집중하세요. 당신의 상박과 하박의 근육을 천천히 조이세요. 유지하시고.... 푸세요. 숨을 오른쪽 팔에 향하게 하세요. 이완하시고, 오른팔의 피부, 근육, 뼈에서 발견한 감각에 집중하세요.

이제 왼손에 집중하세요. 천천히 주먹을 꽉 쥐고, 유지하시고.... 푸세요. 왼손으로 숨을 쉬세요. 이완하시고, 왼손의 피부, 근육, 뼈, 관절에서 발견한 감각에 집중하세요.

이제 왼쪽 팔에 집중하세요. 상박과 하박의 근육을 점차로 조이세요. 유지하시고.... 푸세요. 이완하시고 왼팔의 피부, 근육, 뼈에서 발견한 감각에 집중하면서, 숨이 왼팔로 들어간다고 상상하세요.

이제 오른발과 발목에 집중하세요. 오른발 발가락들을 모두 천천히 들어 올리세요. 유지하시고.... 푸세요. 이완하시고, 오른발의 근육과 뼈에서 발견한 감각을 통해서 숨을 쉬세요.

오른쪽 다리에 집중하세요. 오른다리의 종아리와 허벅지의 근육을 천천히 조이세요. 유지하시고.... 푸세요. 당신의 오른쪽 다리로 숨을 쉬시고, 이완하세요. 오른쪽 다리의 근육과 뼈에서 발견한 감각에 집중하세요.

이제 왼쪽 발과 발목에 집중하세요. 천천히 당신의 왼발 발가락을 모두 들어 올리세요. 유지하시고.... 푸세요. 마음을 녹이고 이완하세요. 왼발의 근육과 뼈에서 발견한 감각을 통해 숨을 쉬세요.

이제 왼쪽 다리에 집중하세요, 종아리와 허벅지 근육을 조이세요, 유지하시고.... 푸세요. 왼쪽 다리로 숨을 쉬세요. 이완하시고, 왼쪽 다리의 근육과 뼈에서 발견한 감각에 집중하세요.

이제 당신의 골반, 복부, 등 아랫부분에 집중하세요. 힘을 주고, 유지하세요.... 푸세요. 이완하시고 복부, 골반, 등 아랫부분의 근육과 장기에서 발견한 감각으로 숨을 쉬세요.

다음, 흉곽과 등 윗부분에 집중하세요. 힘을 주시고, 유지하세요.... 푸세요. 가슴과.... 등 윗부분의 근육과 장기에서 발견한 감각에 집중하고 숨을 쉬면서, 흉곽과 등을 이완하세요.

마지막으로, 얼굴, 머리, 목의 뒷부분을 점차로 긴장하세요. 이마, 턱, 눈, 코, 입 주위의 많은 근육을 포함하세요. 힘을 유지하시고.... 푸세요. 당신의 목, 머리, 얼굴의 피부와 근육에서 발견한 감각을 경험하세요.

중급 명상

이제 당신은 당신의 몸에서 신체적, 정서적 감각을 더 탐색하려고 합니다.

머리에서 발끝까지, 혹은 발끝에서 머리까지–당신의 선호하는 것은 무엇이든–, 당신의 신체를 스캔하고 깊게 숨쉬기를 지속하세요. 탐색할수록, 신체적·정서적 감각을 매순간 경험하세요.

당신 몸의 한 곳에서 다른 곳으로 이동하면서, 더 강하거나 다른 감각의 느낌을 찾아보세요. 이 영역은 다른 영역보다 더 따뜻하거나 더 차갑거나 더 조이거나 더 "꺼끌꺼끌" 할지도 모릅니다. 그 감각은 마비되거나 느낌이 부족해서 더 두드러지게 느껴질 수도 있습니다.

이러한 다르거나 특별한 감각은 어디에나 있을 수 있습니다–당신의 다리, 복부, 어깨, 턱. 그 느낌을 찾을 때, 매순간 경험으로 숨쉬기를 하세요. 그것에 대해 전혀 생각하지 않고 그저 그 감각을 느끼세요.

그 감각이 정서적으로 편안하지 않다면, 눈을 뜨고, 명상으로 되돌아오기 전에, 감각적 기술을 사용하세요. 당신이 개발하고 **연습해 온 빠른 스트레스 이완**을 되살려서 균형을 잡으세요. 내적으로 집중하세요, 더 강하거나 다른 감각을 가진 신체영역을 찾아보세요, 대략 9분 후 제 목소리를 다시 들을 때까지 깊고 천천히 숨쉬기를 계속하세요.

(9분 동안 음악을 튼다.)

마무리

눈을 크게 뜨고, 서서, 당신의 발을 쾅쾅 구르세요. 당신의 손과 팔을 흔드세요. 당신의 내적 느낌보다 주변에 집중하세요. 당신이 여전히 슬프거나 마음 아프거나 화나더라도, 색은 더 환할 수 있고 소리는 더 분명할 수 있습니다. 당신은 더 활력을 느낄 수 있음을 알아차리세요. 당신은 더 이완하고 더 깨어있습니다.

고통스러운 정서가 잠시 동안 당신 안에 머물 수 있습니다. 그러나 당신이 그것에 대해서 생각하지 않는 한, 그것은 당신의 삶을 간섭하지 못합니다. 이 과정에서 내부에서 외부로 초점을 이동하는 것은 매우 중요합니다. 당신은 그저 당신의 느낌에 관심을 주었습니다. 이제 당신의 주변에 관심을 주세요. 이것을 하기 위해 느끼는 것을 멈출 필요는 없습니다. 그저 당신이 느끼는 것에 집중하기를 **멈추세요.** 대신 당신의 관심을 당신 주변의 세상으로 전환하세요.

오늘이나 내일, 당신이 지금 경험했던 것에 대해 다른 사람에게 이야기하는 것을 잊지 마세요.

마지막으로, 몸에서 튀어나오는 느낌이나 더 강한 정서를 편안하게 알아차릴 수 있을 때까지 이 명상을 계속 연습하세요.

야생마타기 고급 명상

깨어나기 위해 이완하라

야생마타기 마음챙김 명상의 고급과정을 경험하시게 된 것을 환영합니다.

이제 천천히 세 번의 깊은 숨을 쉬세요. 당신이 깊게 들이마시고 더 깊게 내쉴 때, 당신의 가슴과 배에서 얼마나 많은 움직임을 경험하는지 관심을 기울이세요.

깊게 숨쉬기를 계속하면서, 당신의 등과 팔을 지지하고, 엉덩이뼈를 바닥에 대고 편안하게 앉으세요. 마음에서 생각을 없애고 오른손에 집중하세요. 천천히 주먹을 꽉 쥐고, 유지하시고.... 내려놓으세요. 오른손의 피부, 근육, 뼈, 관절에서 발견한 감각에 집중하면서, 오른손으로 숨을 향하게 하세요.

당신의 오른팔에 집중하세요. 당신의 상박과 하박의 근육을 천천히 조이세요. 유지하시고.... 푸세요. 숨을 오른쪽 팔에 향하게 하세요. 이완하시고, 오른팔의 피부, 근육, 뼈에서 발견한 감각에 집중하세요.

이제 왼손에 집중하세요. 천천히 주먹을 꽉 쥐고, 유지하시고.... 푸세요. 왼손으로 숨을 쉬세요. 이완하시고, 왼손의 피부, 근육, 뼈와 관절에서 발견한 감각에 집중하세요.

이제 왼쪽 팔에 집중하세요. 상박과 하박의 근육을 점차로 조이세요. 유지하시고.... 푸세요. 이완하시고, 왼팔의 피부, 근육, 뼈에서 발견한 감각에 집중하면서, 숨이 왼팔로 들어간다고 상상하세요.

이제 오른쪽 발과 발목에 집중하세요. 오른발 발가락을 모두 들어 올리세요. 유지하시고.... 푸세요. 이완하시고 오른쪽 발의 피부, 근육, 뼈와 관절에서 발견한 감각을 통해서 숨을 쉬세요.

오른쪽 다리에 집중하세요. 오른쪽 다리의 종아리와 허벅지의 근육을 천천히 조이세요. 유지하시고.... 푸세요. 당신의 오른쪽 다리로 숨을 쉬시고, 이완하세요. 오른다리의 근육과 뼈에서 발견한 감각에 집중하세요.

왼쪽 발과 발목에 집중하세요. 천천히 당신의 왼발의 모든 발가락을 들어 올리세요. 유지하시고.... 푸세요. 왼발의 근육과 뼈에서 발견한 감각으로 숨을 쉬면서, 마음을 녹이고 이완하세요.

이제 왼쪽 다리에 집중하세요, 종아리와 허벅지 근육을 조이세요, 유지하시고.... 푸세요. 왼쪽 다리로 숨을 쉬세요. 이완하시고, 왼쪽 다리의 근육과 뼈에서 발견한 감각에 집중하세요.

이제 당신의 골반, 복부, 등 아랫부분에 집중하세요. 힘을 주고, 유지하시고.... 푸세요. 이완하시고, 복부, 골반 등 아래 부분의 근육과 장기에서 발견한 감각으로 숨을 쉬세요.

다음, 흉곽과 등 윗부분에 집중하세요. 힘을 주시고, 유지하시고.... 푸세요. 가슴과.... 등 윗부분의 근육과 장기에서 발견한 감각에 집중하고 숨을 쉬면서, 흉곽과 등을 이완하세요.

마지막으로, 얼굴, 머리, 목의 뒷부분을 점차로 긴장하세요. 이마, 턱, 눈, 코, 입 주위의 많은 근육을 포함하세요. 힘을 유지하시고.... 푸세요. 당신의 목, 머리, 얼굴의 피부, 근육에서 발견한 감각을 경험하세요.

고급 명상

이제 당신은 더 깊은 명상을 더 탐색하려고 합니다.

경미한 정서적 고통을 느끼고 있다면, 이러한 느낌을 시작지점으로 잡고 집중하세요. 또는 경미한 불안감으로 반응했었던 최근 경험을 매우 짧게 기억할 수도 있습니다. 아마도 당신은 버스를 놓쳤거나 음료수를 엎질렀을 수도 있습니다. 경미한 고통의 감각을 느낌에 집중하세요. 이러한 감각을 수용하고 경험을 자신에게 허락하세요.

머리에서 발끝까지, 혹은 발끝에서 머리까지–당신의 선호하는 방향이 무엇이든–, 당신의 신체를 스캔하면서 깊게 천천히 숨쉬기를 지속하세요. 자신에게 신체적 · 정서적 감각을 느끼도록 허용하세요. 내적으로 집중하시고, 가장 강한 감각을 가진 신체부위를 찾아보세요. 어쩌면 당신의 복부, 배, 어깨 또는 턱일지도 모릅니다. 이 부분을 찾으면, 신체의 그 부분에서 매순간 경험으로 숨쉬기를 하세요. 생각이 아니라, 감각에 집중하세요,

당신의 관심은 유랑할 수도 있습니다. 그러나 이런 일이 일어날 때마다, 당신이 집중하고 있는 몸의 그 곳으로 부드럽게 되돌아가세요. 자꾸 집중이 흐트러지더라도, 자신에게 인내심을 가지고 부드럽게 대하세요.

모든 숨이 메시지를 담고 있다고 상상하는 것이 도움이 될지도 모릅니다. 그 메시지는 "감각을 허락하라" 또는 "그 감각을 허용하라"입니다.

불편함을 느낀다면, 눈을 뜨세요. 평온해지기 위해 당신이 발견하고 연습해 온 **빠른 스트레스 이완**을 되살려서 감각적 방법을 사용하세요. 명상으로 되돌아가기 전에 자신에게 집중하세요. 대략 14분 후 제

목소리를 다시 들을 때까지, 그 경험 타기를 지속하세요.

(14분 동안 음악을 튼다.)

마무리

눈을 크게 뜨고, 서서, 당신의 발을 쾅쾅 구르세요. 당신의 손과 팔을 흔드세요. 당신의 내적 느낌보다 주변에 집중하세요. 당신이 여전히 슬프거나 마음 아프거나 화나더라도, 색은 더 환할 수 있고 소리는 더 분명할 수 있습니다. 당신은 더 활력을 느낄 수도 있습니다. 당신은 더 이완하고 더 깨어있습니다.

고통스러운 정서가 잠시 동안 당신 안에 머물 수 있습니다. 그러나 당신이 그것에 대해서 생각하지 않는 한, 그것은 당신의 삶을 간섭하지 못합니다. 이 과정에서 내부에서 외부로 초점을 이동하는 것은 매우 중요합니다. 당신은 그저 당신의 느낌에 관심을 주었습니다. 이제 당신의 주변에 관심을 주세요. 이것을 하기 위해 느낌을 멈춰야 할 필요는 없습니다. 그저 당신이 느끼는 것에 집중하기를 멈추세요. 그리고 당신의 관심을 당신 주변의 세상으로 전환하세요. 내적으로만 집중하면서 너무 많은 시간을 보내는 것은 전혀 이득이 없습니다.

오늘이나 내일, 당신이 지금 경험했던 것에 대해, 다른 사람에게 이야기하는 것을 잊지 마세요. 그리고 이 중요한 작업을 하는 헌신과 용기를 가진 자신에게 감사하세요.

마지막으로, 불안하고 약간 스트레스 받는 상황에서도 집중하고 평정심을 유지하는 능력에 완전한 자신감이 생길 때까지, 이 명상을 계속 연습하세요.

야생마타기 최고급 명상

깨어나기 위해 이완하라

야생마타기 명상의 가장 깊은 경험을 하시게 된 것을 환영합니다.

천천히 세 번의 깊은 숨을 쉬세요. 당신이 깊게 들이마시고 더 깊게 내쉴 때, 당신의 가슴과 배에서 얼마나 많은 움직임을 경험하는지 관심을 기울이세요.

깊게 숨쉬기를 계속하면서, 당신의 등과 팔을 지지하고, 엉덩이뼈를 바닥에 대고 편안하게 앉으세요. 머리에서 생각을 없애고 오른손에 집중하세요. 천천히 주먹을 꽉 쥐세요. 유지하세요.... 내려놓으세요. 오른손의 피부, 근육, 뼈, 관절에서 발견한 감각에 집중하면서, 오른손으로 숨을 향하게 하세요.

당신의 오른팔에 집중하세요. 당신의 상박과 하박의 근육을 천천히 조이세요. 유지하시고.... 푸세요. 숨을 오른쪽 팔에 향하게 하세요. 이완하시고, 오른쪽 팔의 피부, 근육, 뼈에서 발견한 감각에 집중하세요.

이제 왼손에 집중하세요. 천천히 주먹을 꽉 쥐세요. 유지하세요.... 푸세요. 왼손으로 숨을 쉬세요. 이완하시고 왼손의 피부, 근육, 뼈와 관절에서 발견한 감각에 집중하세요.

이제 왼쪽 팔에 집중하세요. 상박과 하박의 근육을 점차로 조이세요. 유지하세요.... 푸세요. 이완하시고, 왼팔의 피부, 근육, 뼈에서 발견한 감각에 집중하면서, 숨이 왼팔로 들이긴다고 상상하세요.

이제 오른발과 발목에 집중하세요. 오른발 발가락을 모두 들어 올리세요. 유지하시고.... 푸세요. 이완하고 오른발의 피부, 근육, 뼈와 관절에서 발견한 감각을 통해서 숨을 쉬세요.

오른쪽 다리에 집중하세요. 오른쪽 다리의 종아리와 허벅지의 근육을 천천히 조이세요. 유지하세요.... 푸세요. 당신의 오른쪽 다리로 숨을 쉬시고, 이완하세요. 오른쪽 다리의 피부, 근육, 뼈와 관절에서 발견한 감각에 집중하세요.

왼쪽 발과 발목에 집중하세요, 천천히 당신의 왼발의 모든 발가락을 들어 올리세요. 유지하세요.... 푸세요. 왼발의 피부, 근육, 뼈와 관절에서 발견한 감각으로 숨을 쉬면서, 마음을 녹이고 이완하세요.

이제 왼쪽 다리에 집중하세요. 종아리와 허벅지 근육을 조이세요. 유지하시고.... 푸세요. 왼쪽 다리로 숨을 쉬세요. 이완하시고, 왼다리의 피부, 근육, 뼈와 관절에서 발견한 감각에 집중하세요.

이제 당신의 골반, 복부, 등 아랫부분에 집중하세요. 유지하세요.... 푸세요. 이완하시고, 복부.... 골반.... 등 아랫부분의 피부, 근육, 뼈, 근육과 장기에서 발견한 감각을 통해 숨을 쉬세요.

다음, 흉곽과 등 윗부분에 집중하세요. 유지하세요.... 푸세요. 가슴과.... 등 윗부분의 피부, 근육, 뼈, 장기에서 발견한 감각에 집중하고 숨을 쉬면서, 흉곽과 등을 이완하세요.

마지막으로, 얼굴, 머리, 목의 뒷부분을 점차로 긴장하세요. 이마, 턱, 눈, 코, 입 주위의 많은 근육을 포함하세요. 힘을 유지하세요.... 푸세요. 당신의 목.... 머리.... 얼굴의 피부, 근육, 뼈에서 발견한 감각을 경험하세요.

최고급 명상

이제 당신은 가장 깊은 명상을 탐색하려고 합니다.

천천히, 깊게 숨쉬기를 계속하세요. 당신이 정서적 고통을 느낀다면, 출발점으로 이러한 느낌에 집중하세요. 또는 당신이 표현하고 싶은 감정을 밑 작업하기 위해, 고통스런 경험을 매우 짧게 기억할 수도 있습니다. 가장 강한 감각을 품고 있는 정확한 부위를 찾기 위해 신체를 스캔하세요. 당신의 다리, 복부, 가슴, 얼굴을 포함한, 어느 부위든 가능합니다.

이 부분을 찾으면, 그곳에서 숨쉬기를 하세요. 그 경험을 깊고 강렬하게 하도록 허용하세요. 불편감이 너무 강해지면, 눈을 뜨고, 당신이 개발하고 연습한 **빠른 스트레스 이완법**을 되살려서 감각적 기술을 사용하세요. 그리고 명상으로 되돌아오세요.

당신의 관심은 유랑할 수도 있습니다. 그러나 이런 일이 일어날 때마다, 자신의 몸에서 가장 강렬함이 느껴지는 그 곳으로 부드럽게 관심을 가져가세요. 자꾸 집중이 흐트러지더라도, 자신에게 인내심을 가지고 부드럽게 대하세요.

느낌이 한 곳에서 다른 곳으로 이동한다면, **가장 강한** 감각을 보이는 신체부위에 관심을 주세요.

감각에 다가감에 따라, 당신은 마비될 수 있고 공허감을 느낄 수 있습니다. 이 공허감에 당신의 관심을 집중하세요.

모든 숨이 메시지를 담고 있다고 상상하는 것이 도움이 될지도 모릅니다. 그 메시지는 "감각을 허락하라" 또는 "그 감각을 허용하라"입니다. 강한 정서가 익숙한지, 이전에도 **이렇게 느꼈었는지** 알아차리고 싶을 수 있습니다. 그렇다면, 물어볼 수 있습니다. "이 감각은 얼마나 오래되었지? 나는 얼마나 자주 이렇게 느끼는 걸까?" 분석하지 말고, 그저 알아차리고, 즉시 당신의 경험에 집중하는 것으로 되돌아가세요.

기억하세요. 당신은 언제나 눈을 뜨고, 평온해지기 위해 당신이 발견하고 연습해 온 **빠른 스트레스 이완**을 되살려서 감각적 방법을 사용하세요. 자신을 중앙에 두세요.

자신이 내적으로 느끼는 것에 집중하세요. 20분 동안 제 목소리를 다시 들을 때까지 그 경험을 타세요.

(20분 동안 음악을 튼다.)

마무리

눈을 크게 뜨고, 서서, 당신의 발을 쾅쾅 구르세요. 당신의 손과 팔을 흔드세요. 당신의 내적 느낌보다 주변에 집중하세요. 당신이 여전히 슬프거나 마음 아프거나 화나더라도, 색은 더 환할 수 있고 소리는 더 분명할 수 있습니다. 당신은 더 활력을 느낄 수 있음을 알아차리세요. 당신은 더 이완하고 더 깨어있습니다.

고통스러운 정서가 잠시 동안 당신 안에 머물 수 있습니다. 그러나 당신이 그것에 대해서 생각하지 않는 한, 그것은 당신의 삶을 간섭하지 못합니다. 이 과정에서 내부에서 외부로 초점을 이동하는 것은 매우 중요합니다. 당신은 그저 당신의 느낌에 관심을 주었습니다. 이제 당신의 주변에 관심을 주세요. 당신은 이것을 하기 위해 느낌을 멈춰야 할 필요는 없습니다. 그저 당신이 느끼는 것에 집중하기를 멈추세요. 그리고 당신의 관심을 당신 주변의 세상으로 전환하세요. 내적으로만 집중하면서 너무 많은 시간을 보내는 것은 전혀 이득이 없습니다.

오늘이나 내일 당신이 지금 경험했던 것에 대해, 다른 사람에게 이야기하는 것을 잊지 마세요. 그리고 타인과 자신을 위해 이 중요한 작업을 하는 헌신과 용기를 가진 자신에게 감사하세요.

마지막으로, 다양한 세팅에서 강한 정서를 경험하는 것이 편안해질 때까지, 이 명상을 계속 연습하세요.

참고문헌

ATTACHMENT, RELATIONSHIPS, AND THE BRAIN

Anand, K. J. S. & Scalzo, F. M. (2000). "Can adverse neonatal experiences alter brain development and subsequent behavior?" *Neonatology* 77 (2), 69–82.

Campbell, A. (2008). "Attachment, aggression and affiliation: The role of oxytocin in female social behavior." *Biological Psychology* 77 (1), 1–10.

Cozolino, L. (2006). *The neuroscience of human relationships: Attachment and the developing social brain.* New York: W. W. Norton & Co.

Gerhardt, S. (2006). "Why love matters: How affection shapes a baby's brain." *Infant Observation* 9 (3), 305–9.

Graham, Y. P., Heim, C., Goodman, S. H., Miller, A. H. & Nemeroff, C. B. (1999). "The effects of neonatal stress on brain development: Implications for psychopathology." *Development and Psychopathology* 11 (3), 545–65.

Gunnar, M. R. (1998). "Quality of early care and buffering of neuroendocrine stress reactions: Potential effects on the developing human brain." *Preventive Medicine* 27 (2), 208–11.

Joseph, R. (1999). "Environmental influences on neural plasticity, the limbic system, emotional development and attachment: A review." *Child Psychiatry and Human Development* 29 (3), 189–208.

Music, G. (2010). *Nurturing natures: Attachment and children's emotional, sociocultural, and brain development.* New York: Taylor & Francis Group.

Perry, B. D., Pollard, R. A., Blakley, T. L., Baker, W. L. & Vigilante, D. (1995). "Childhood trauma, the neurobiology of adaptation, and use-dependent development of the brain: How states become traits." *Infant Mental Health Journal* 16 (4), 271–91.

Riem, M. M., van IJzendoorn, M. H., Tops, M., Boksem, M. A., Rombouts, S. A. & Bakermans-Kranenburg, M. J. (2013). "Oxytocin effects on complex brain networks are moderated by experiences of maternal love withdrawal." *European Neuropsychopharmacology* 23 (10), 1288–95.

Schore, A. N. (2000). "Attachment and the regulation of the right brain." *Attachment & Human Development* 2 (1), 23–47.

——— (2001a). "Effects of a secure attachment relationship on right brain development, affect regulation, and infant mental health." *Infant Mental Health Journal* 22 (1–2), 7–66.

——— (2001b). "The effects of early relational trauma on right brain development, affect regulation, and infant mental health." *Infant Mental Health Journal* 22 (1–2), 201–69.

——— (2002). "Dysregulation of the right brain: A fundamental mechanism of traumatic attachment and the psychopathogenesis of posttraumatic stress disorder." *Australian and New Zealand Journal of Psychiatry* 36 (1), 9–30.

——— (2005). "Back to basics: Attachment, affect regulation, and the developing right brain: Linking developmental neuroscience to pediatrics." *Pediatrics in Review* 26 (6), 204–17.

——— (2010). "Relational trauma and the developing right brain: The neurobiology of broken attachment bonds." In Tessa Baradon (Ed.), *Relational trauma in infancy: Psychoanalytic, attachment and neuropsychological contributions to parent–infant psychotherapy* (pp. 19–47). New York: Routledge/Taylor & Francis Group.

Schore, J. R. & Schore, A. N. (2008). "Modern attachment theory: The central role of affect regulation in development and treatment." *Clinical Social Work Journal* 36 (1), 9–20.

Shore, R. (1997). *Rethinking the brain: New insights into early development*. New York: Families and Work Institute.

Siegel, D. J. (1999). *The developing mind: Toward a neurobiology of interpersonal experience*. New York: Guilford Press.

——— (2001). "Toward an interpersonal neurobiology of the developing mind: Attachment relationships, 'mindsight,' and neural integration." *Infant Mental Health Journal* 22 (1–2), 67–94.

Strathearn, L., Fonagy, P., Amico, J. & Montague, P. R. (2009). "Adult attachment predicts maternal brain and oxytocin response to infant cues." *Neuropsychopharmacology* 34 (13), 2655–66.

THE SOCIAL BRAIN

Adolphs, R. (2003). "Cognitive neuroscience of human social behaviour." *Nature Reviews Neuroscience* 4 (3), 165–78.

Bartz, J. A. & Hollander, E. (2006). "The neuroscience of affiliation: Forging links between basic and clinical research on neuropeptides and social behavior." *Hormones and Behavior* 50 (4), 518–28.

Baumeister, R. F. & Leary, M. R. (1995). "The need to belong: Desire for interpersonal attachments as a fundamental human motivation." *Psychological Bulletin* 117 (3), 497.

Cacioppo, J. T., Berntson, G. G. & Waytz, A. (2010). "Social neuroscience." In I. Weiner & E. Craighead (Eds.), *Corsini Encyclopedia of Psychology, Fourth edition*. (Vol. 4., pp. 1635–6). New York: Wiley.

Cacioppo, J. T., Berntson, G. G., Sheridan, J. F. & McClintock, M. K. (2000). "Multilevel integrative analyses of human behavior:

Social neuroscience and the complementing nature of social and biological approaches." *Psychological Bulletin* 126 (6), 829.

Carter, C. S. (1998). "Neuroendocrine perspectives on social attachment and love." *Psychoneuroendocrinology* 23 (8), 779–818.

Dunbar, R. I. (1998). "The social brain hypothesis." *Evolutionary Anthropology: Issues, News, and Reviews* 6 (5), 178–90.

Fishbane, M. D. (2007). "Wired to connect: Neuroscience, relationships, and therapy." *Family Process* 46 (3), 395–412.

Goleman, D. (2006). *Social intelligence: The new science of human relationships*. New York: Random House Digital, Inc.

Link, B. G. & Phelan, J. (1995). "Social conditions as fundamental causes of disease." *Journal of Health and Social Behavior* 35, 80–94.

Marche, S. (2012). "Is Facebook making us lonely?" *The Atlantic* 309 (4), 60–69.

Panksepp, J. (1998). *Affective neuroscience: The foundations of human and animal emotions*. New York: Oxford University Press.

OXYTOCIN

Oxytocin's role as the love hormone

Burkett, J. P. & Young, L. J. (2012). "The behavioral, anatomical and pharmacological parallels between social attachment, love and addiction." *Psychopharmacology* 224 (1), 1–26.

Cariboni, A. & Ruhrberg, C. (2011). "The hormone of love attracts a partner for life." *Developmental Cell* 21 (4), 602–4.

Carter, C. S. & Porges, S. W. (2012). "The biochemistry of love: An oxytocin hypothesis." *EMBO Reports* 14 (1), 12–16.

De Boer, A., Van Buel, E. M. & Ter Horst, G. J. (2012). "Love is more than just a kiss: A neurobiological perspective on love and affection." *Neuroscience* 201, 114–24.

Ditzen, B., Schaer, M., Gabriel, B., Bodenmann, G., Ehlert, U. & Heinrichs, M. (2009). "Intranasal oxytocin increases positive communication and reduces cortisol levels during couple conflict." *Biological Psychiatry* 65 (9), 728–31.

Unkelbach, C., Guastella, A. J. & Forgas, J. P. (2008). "Oxytocin selectively facilitates recognition of positive sex and relationship words." *Psychological Science* 19 (11), 1092–94.

Wudarczyk, O. A., Earp, B. D., Guastella, A. & Savulescu, J. (2013). "Could intranasal oxytocin be used to enhance relationships? Research imperatives, clinical policy, and ethical considerations." *Current Opinion in Psychiatry* 26 (5), 474–84.

Young, L. J. (2009). "Being human: Love: Neuroscience reveals all." *Nature* 457 (7226), 148.

Oxytocin and social behavior

Campbell, A. (2008). "Attachment, aggression and affiliation: The role of oxytocin in female social behavior." *Biological Psychology* 77 (1), 1–10.

Guastella, A. J., Mitchell, P. B. & Dadds, M. R. (2008). "Oxytocin increases gaze to the eye region of human faces." *Biological Psychiatry* 63 (1), 3–5.

Guastella, A. J., Mitchell, P. B. & Mathews, F. (2008). "Oxytocin enhances the encoding of positive social memories in humans." *Biological Psychiatry* 64 (3), 256–58.

Dölen, G., Darvishzadeh, A., Huang, K. W. & Malenka, R. C. (2013). "Social reward requires coordinated activity of nucleus accumbens oxytocin and serotonin." *Nature* 501 (7466), 179–84.

Kosfeld, M., Heinrichs, M., Zak, P. J., Fischbacher, U. & Fehr, E. (2005). "Oxytocin increases trust in humans." *Nature* 435 (7042), 673–76.

Lane, A., Luminet, O., Rimé, B., de Timary, P. & Mikolajczak, M. (2012). "Oxytocin increases willingness to socially share one's emotions." *International Journal of Psychology* 48 (4), 676–81.

Mikolajczak, M., Gross, J. J., Lane, A., Corneille, O., de Timary, P. & Luminet, O. (2010). "Oxytocin makes people trusting, not gullible." *Psychological Science* 21 (8), 1072–74.

Veenema, A. H. (2013). "The oxytocin system and social behavior: Effects of sex, age, and early life stress." Paper presented at the 68th Annual Meeting of the Society for Biological Psychiatry, San Francisco, CA.

Zak, P. J., Stanton, A. A. & Ahmadi, S. (2007). "Oxytocin increases generosity in humans." *PLoS One* 2 (11), e1128.

Oxytocin, emotions, and emotional intelligence

Bartz, J. A., Zaki, J., Bolger, N., Hollander, E., Ludwig, N. N., Kolevzon, A. & Ochsner, K. N. (2010). "Oxytocin selectively improves empathic accuracy." *Psychological Science* 21 (10), 1426–28.

Cardoso, C., Ellenbogen, M. A., Serravalle, L. & Linnen, A. M. (2013). "Stress-induced negative mood moderates the relation between oxytocin administration and trust: Evidence for the 'tend-and-befriend' response to stress?" *Psychoneuroendocrinology* 38 (11), 2800–04.

Grillon, C., Krimsky, M., Charney, D. R., Vytal, K., Ernst, M. & Cornwell, B. (2012). "Oxytocin increases anxiety to unpredictable threat." *Molecular Psychiatry* 18, 958–60.

Guastella, A. J., Einfeld, S. L., Gray, K. M., Rinehart, N. J., Tonge, B. J., Lambert, T. J. & Hickie, I. B. (2010). "Intranasal oxytocin improves emotion recognition for youth with autism spectrum disorders." *Biological Psychiatry* 67 (7), 692–94.

Guzmán, Y. F., Tronson, N. C., Jovasevic, V., Sato, K., Guedea, A. L., Mizukami, H., Nishimori, K. & Radulovic, J. (2013). "Fear-enhancing effects of septal oxytocin receptors." *Nature Neuroscience* 16 (9), 1185–87.

Love, T. M. (2014). "Oxytocin, motivation and the role of dopamine." *Pharmacology, Biochemistry, and Behavior* 119 (April), 49–60.

Oxytocin and stress

Heinrichs, M., Baumgartner, T., Kirschbaum, C. & Ehlert, U. (2003). "Social support and oxytocin interact to suppress cortisol and subjective responses to psychosocial stress." *Biological Psychiatry* 54 (12), 1389–98.

Leuner, B., Caponiti, J. M. & Gould, E. (2012). "Oxytocin stimulates adult neurogenesis even under conditions of stress and elevated glucocorticoids." *Hippocampus* 22 (4), 861–68.

Olff, M., Frijling, J. L., Kubzansky, L. D., Bradley, B., Ellenbogen, M. A., Cardoso, C., Bartz, J. A., Yee, J. R. & van Zuiden, M. (2013). "The role of oxytocin in social bonding, stress regulation and mental health: An update on the moderating effects of context and interindividual differences." *Psychoneuroendocrinology* 38 (9), 1883–94.

Rodrigues, S. M., Saslow, L. R., Garcia, N., John, O. P. & Keltner, D. (2009). "Oxytocin receptor genetic variation relates to empathy and stress reactivity in humans." *Proceedings of the National Academy of Sciences* 106 (50), 21437–41.

Oxytocin, attachment, and development

Feldman, R., Weller, A., Zagoory-Sharon, O. & Levine, A. (2007). "Evidence for a neuroendocrinological foundation of human affiliation plasma oxytocin levels across pregnancy and the postpartum period predict mother-infant bonding." *Psychological Science* 18 (11), 965–70.

Fries, A. B. W., Shirtcliff, E. A. & Pollak, S. D. (2008). "Neuroendocrine dysregulation following early social deprivation in children." *Developmental Psychobiology* 50 (6), 588–99.

Riem, M. M., van IJzendoorn, M. H., Tops, M., Boksem, M. A., Rombouts, S. A. & Bakermans-Kranenburg, M. J. (2013). "Oxytocin effects on complex brain networks are moderated by experiences of maternal love withdrawal." *European Neuropsychopharmacology* 23 (10), 1288–95.

Strathearn, L., Fonagy, P., Amico, J. & Montague, P. R. (2009). "Adult attachment predicts maternal brain and oxytocin response to infant cues." *Neuropsychopharmacology* 34 (13), 2655–66.

STRESS

Stress and your emotions

Folkman, S. (2007). "The case for positive emotions in the stress process." *Anxiety, Stress & Coping* 21 (1), 3–14.

Folkman, S. & Moskowitz, J. T. (2000). "Stress, positive emotion, and coping." *Current Directions in Psychological Science* 9 (4), 115–18.

Ghosh, S., Laxmi, T. R. & Chattarji, S. (2013). "Functional connectivity from the amygdala to the hippocampus grows stronger after stress." *Journal of Neuroscience* 33 (17), 7234–44.

Lazarus, R. S. (1998). "From psychological stress to the emotions: A history of changing outlooks." *Fifty Years of the Research and Theory of RS Lazarus: An Analysis of Historical and Perennial Issues* (p. 349). New York: Psychology Press.

——— (2000). "Toward better research on stress and coping." *American Psychologist* 55 (6), 665–73.

Ong, A. D., Bergeman, C. S., Bisconti, T. L. & Wallace, K. A. (2006). "Psychological resilience, positive emotions, and successful adaptation to stress in later life." *Journal of Personality and Social Psychology* 91 (4), 730–49.

Raio, C. M., Orederu, T. A., Palazzolo, L., Shurick, A. A. & Phelps, E. A. (2013). "Cognitive emotion regulation fails the stress test." *Proceedings of the National Academy of Sciences* 110 (37), 15139–44.

Stress and mental health

Aneshensel, C. S., Phelan, J. C. & Bierman, A. (2013). *Handbook of the sociology of mental health, Second edition.* New York: Springer.

Bremner, J. D. (2002). *Does stress damage the brain? Understanding trauma-related disorders from a mind-body perspective.* New York: W. W. Norton & Company.

Everly, J. G. S. & Lating, J. M. (2013). *A clinical guide to the treatment of the human stress response.* New York: Springer.

Glover, V. (2011). "Annual research review: Prenatal stress and the origins of psychopathology: An evolutionary perspective." *Journal of Child Psychology and Psychiatry* 52 (4), 356–67.

Grubaugh, A. L., Zinzow, H. M., Paul, L., Egede, L. E. & Frueh, B. C. (2011). "Trauma exposure and posttraumatic stress disorder in adults with severe mental illness: A critical review." *Clinical Psychology Review* 31 (6), 883–99.

Herbert, J. (1997). "Fortnightly review. Stress, the brain, and mental illness." *BMJ: British Medical Journal* 315 (7107), 530.

Juster, R. P., Bizik, G., Picard, M., Arsenault-Lapierre, G., Sindi, S., Trepanier, L., Marin, M. F., Wan, N., Sekerovic, Z. & Lord, C. (2011). "A transdisciplinary perspective of chronic stress in relation to psychopathology throughout life span development." *Development and Psychopathology* 23 (3), 725–26.

De Kloet, E. R., Joëls, M. & Holsboer, F. (2005). "Stress and the brain: From adaptation to disease." *Nature Reviews. Neuroscience* 6 (6), 463–75.

Mazure, C. M. (Ed.) (1995). *Does stress cause psychiatric illness?* Washington D. C.: American Psychiatric Press.

Nestler, E. J. & Hyman, S. E. (2010). "Animal models of neuropsychiatric disorders." *Nature Neuroscience* 13 (10), 1161–69.

Pearlin, L. I. (1999). "Stress and mental health: A conceptual overview." In A. V. Horwitz & T. L. Scheid (Eds.), *A handbook for the study of mental health: Social contexts, theories, and systems* (pp. 161–75). New York: Cambridge University Press.

Rice, F., Harold, G. T., Boivin, J., Van den Bree, M., Hay, D. F. & Thapar, A. (2010). "The links between prenatal stress and offspring development and psychopathology: Disentangling environmental and inherited influences." *Psychological Medicine* 40 (2), 335–45.

Schwartz, S. & Meyer, I. H. (2010). "Mental health disparities research: The impact of within and between group analyses on tests of social stress hypotheses." *Social Science & Medicine* 70 (8), 1111–18.

Thoits, P. A. (2013). "Self, identity, stress, and mental health." In *Handbook of the sociology of mental health, Second edition* (pp. 357–377). New York: Springer.

Stress and anxiety

Bennett Ao, M. R. (2008). "Stress and anxiety in schizophrenia and depression: glucocorticoids, corticotropin-releasing hormone and synapse regression." *Australian and New Zealand Journal of Psychiatry* 42 (12), 995–1002.

Gerra, G., Zaimovic, A., Zambelli, U., Timpano, M., Reali, N., Bernasconi, S. & Brambilla, F. (2000). "Neuroendocrine responses to psychological stress in adolescents with anxiety disorder." *Neuropsychobiology* 42 (2), 82–92.

Heilig, M. (2004). "The NPY system in stress, anxiety and depression." *Neuropeptides* 38 (4), 213–24.

Heim, C. & Nemeroff, C. B. (2001). "The role of childhood trauma in the neurobiology of mood and anxiety disorders: preclinical and clinical studies." *Biological psychiatry* 49 (12), 1023–39.

Kikusui, T., Winslow, J. T. & Mori, Y. (2006). "Social buffering: relief from stress and anxiety." *Philosophical Transactions of the Royal Society B: Biological Sciences* 361 (1476), 2215–28.

Lapin, I. P. (2003). "Neurokynurenines (NEKY) as common neurochemical links of stress and anxiety." In Allegri et al. (Ed.), *Developments in Tryptophan and Serotonin Metabolism* (pp. 121–25). New York: Springer.

Maes, M., Song, C., Lin, A., De Jongh, R., Van Gastel, A., Kenis, G., Bosmans, E., De Meester, I., Benoy, I. & Neels, H. (1998).

"The effects of psychological stress on humans: increased production of pro-inflammatory cytokines and Th1-like response in stress-induced anxiety." *Cytokine* 10 (4), 313–18.

Mathew, S. J., Price, R. B. & Charney, D. S. (2008). "Recent advances in the neurobiology of anxiety disorders: Implications for novel therapeutics." *American Journal of Medical Genetics Part C: Seminars in medical genetics* 148 (2) 89–98.

McEwen, B. S., Eiland, L., Hunter, R. G. & Miller, M. M. (2012). "Stress and anxiety: Structural plasticity and epigenetic regulation as a consequence of stress." *Neuropharmacology* 62 (1), 3–12.

Schmidt, N. B., Lerew, D. R. & Jackson, R. J. (1997). "The role of anxiety sensitivity in the pathogenesis of panic: Prospective evaluation of spontaneous panic attacks during acute stress." *Journal of Abnormal Psychology* 106 (3) 355–64.

Shin, L. M. & Liberzon, I. (2009). "The neurocircuitry of fear, stress, and anxiety disorders." *Neuropsychopharmacology* 35 (1) 169–91.

Stress and bipolar disorder

Bender, R. E. & Alloy, L. B. (2011). "Life stress and kindling in bipolar disorder: Review of the evidence and integration with emerging biopsychosocial theories." *Clinical Psychology Review* 31 (3), 383–98.

Bender, R. E., Alloy, L. B., Sylvia, L. G., Urovsevic, S. & Abramson, L. Y. (2010). "Generation of life events in bipolar spectrum disorders: A re-examination and extension of the stress generation theory." *Journal of Clinical Psychology* 66 (9), 907–26.

Eiel Steen, N., Methlie, P., Lorentzen, S., Hope, S., Barrett, E. A., Larsson, S., Mork, E., Almas, B., Løvås, K. & Agartz, I. (2011). "Increased systemic cortisol metabolism in patients with schizophrenia and bipolar disorder: A mechanism for increased stress vulnerability?" *The Journal of Clinical Psychiatry* 72 (11), 1515–21.

Hosang, G. M., Uher, R., Keers, R., Cohen-Woods, S., Craig, I., Korszun, A., Perry, J., Tozzi, F., Muglia, P., McGuffin, P. & Farmer, A. E. (2010). "Stressful life events and the brain-derived neurotrophic factor gene in bipolar disorder." *Journal of Affective Disorders* 125 (1–3), 345–49.

Stress and depression

Anisman, H. & Zacharko, R. M. (1982). "Depression: The predisposing influence of stress." *Behavioral and Brain Sciences* 5 (1), 89–99.

Bartolomucci, A. & Leopardi, R. (2009). "Stress and depression: Preclinical research and clinical implications." *PLoS ONE* 4 (1), e4265.

Caspi, A., Sugden, K., Moffitt, T. E., Taylor, A., Craig, I. W., Harrington, H., McClay, J., Mill, J., Martin, J., Braithwaite, A. & Poulton, R. (2003). "Influence of life stress on depression: Moderation by a polymorphism in the 5-HTT gene." *Science* 301 (5631), 386–89.

Farooq, R. K., Isingrini, E., Tanti, A., Le Guisquet, A. M., Arlicot, N., Minier, F., Lemana, S., Chalona, S., Belzunga, C. & Camus, V. (2012). "Is unpredictable chronic mild stress (UCMS) a reliable model to study depression-induced neuroinflammation?" *Behavioural Brain Research* 231 (1), 130–37.

Hammen, C. (2004). "Stress and depression." *Annual Review of Clinical Psychology* 1 (1), 293–319.

Kessler, R. C. (1997). "The effects of stressful life events on depression." *Annual Review of Psychology* 48 (1), 191–214.

Kim, K. S., Kwon, H. J., Baek, I. S. & Han, P. L. (2012). "Repeated short-term (2h×14d) emotional stress induces lasting depression-like behavior in mice." *Experimental Neurobiology* 21 (1), 16–22.

Kubera, M., Obuchowicz, E., Goehler, L., Brzeszcz, J. & Maes, M. (2011). "In animal models, psychosocial stress-induced (neuro)inflammation, apoptosis and reduced neurogenesis are associated to the onset of depression." *Progress in Neuro-Psychopharmacology and Biological Psychiatry* 35 (3), 744–59.

Lucassen, P. J., Meerlo, P., Naylor, A. S., van Dam, A. M., Dayer, A. G., Fuchs, E., Oomen, C.A. & Czéh, B. (2010). "Regulation of adult neurogenesis by stress, sleep disruption, exercise and inflammation: Implications for depression and antidepressant action." *European Neuropsychopharmacology* 20 (1), 1–17.

van Praag, H. M. (2004). "Can stress cause depression?" *Progress in Neuro-Psychopharmacology and Biological Psychiatry* 28 (5), 891–907.

Wager-Smith, K. & Markou, A. (2011). "Depression: A repair response to stress-induced neuronal microdamage that can grade into a chronic neuroinflammatory condition?" *Neuroscience & Biobehavioral Reviews* 35 (3), 742–64.

Stress and schizophrenia

Giovanoli, S., Engler, H., Engler, A., Richetto, J., Voget, M., Willi, R., Winter, C., Riva, M. A., Mortensen, P. B., Schedlowski, M. & Meyer, U. (2013). "Stress in puberty unmasks latent neuropathological consequences of prenatal immune activation in mice." *Science* 339 (6123), 1095–99.

Holloway, T., Moreno, J. L., Umali, A., Rayannavar, V., Hodes, G. E., Russo, S. J. & González-Maeso, J. (2013). "Prenatal stress induces schizophrenia-like alterations of serotonin 2A and metabotropic glutamate 2 receptors in the adult offspring: Role of maternal immune system." *Journal of Neuroscience* 33 (3), 1088–98.

Jansen, L. M., Gispen-de Wied, C. C. & Kahn, R. S. (2000). "Selective impairments in the stress response in schizophrenic patients." *Psychopharmacology* 149 (3), 319–25.

Zimmerman, E. C., Bellaire, M., Ewing, S. G. & Grace, A. A. (2013). "Abnormal stress responsivity in a rodent developmental disruption model of schizophrenia." *Neuropsychopharmacology* 23 (3), 223–39.

ANTIDEPRESSANT WITHDRAWAL

Miller, M. C. (2001). "Symptoms that start when an antidepressant stops." *The Harvard Mental Health Letter* (February), 7–8.

감사의 글

지식과 신선한 생각은 그 자체로 훌륭한 것이다. 그러나 남과 소통하지 않는 지식과 생각은 갈 곳이 없다. 나는 Helpguide.org팀에게 깊은 감사를 표한다. Lawrence Robinson과 Melinda Smith는 이 책을 쓰는 동안 전반적으로 나를 지원했다. 또한 톡톡 튀는 생각과 편집에 조언을 해 준 Sanjay Nambiar와 Beth Davies에게도 깊은 고마움을 전한다. 나아가 BenBella 출판사 Glen Yeffeth, 디자이너와 편집자들에게 커다란 감사를 드린다. 특히, Vy Tran은 이 책을 출판하는 데 커다란 견인차가 되었다. 출판 작업에 많은 노력과 관심을 쏟아준 이 세상 최고의 팀에게 감사드린다.

저자 소개

Jeanne Segal, PhD.는 심리학자이자 정서지능 전문가로서 40년간 많은 개인과 가족을 돕고 있다. 그녀의 저서는 세계 13개국 언어로 번역되어 출판되었다. Segal 박사는 전인건강, 애착, 정서지능, 스트레스 감소, 관계 영역의 혁신가이다. 그녀는 유아와 양육자간의 정서적 관계에 있어 뇌 발달을 연결하는 컨퍼런스들을 주재해 왔다.

Segal 박사와 그녀의 남편, Robert는 Helpguide.org의 설립자이다. Helpguide.org는 비영리 정신건강 사이트로서 개인이 스스로에게 힘을 주고 삶을 바꿀 수 있는 사회적 · 정서적 변화를 이끌어 내는 법에 초점을 두고 있다. 매년 6천5백만 명의 사람들이 이 사이트에서 도움을 받고 있다.

역자 소개

이은아

- 미국 Indiana University 상담심리학과 정신건강상담전공 석사
- 서울대학교 교육학과 교육상담전공 박사
- 한국상담학회 공인 전문상담사1급 일반수련감독자

(현) 경일대학교 심리치료학과 교수
(전) 한국가족상담센터 영어권 내담자 전담 상담사
(전) LG전자 가산R&D연구소 심리상담실 실장
(전) 한국정보화진흥원 인터넷중독예방상담센터 전임연구원
(전) 미국 Korean American Family Service Center in New York 가정폭력전담상담사
(전) 미국 Valle Vista Psychiatric Hospital 인턴

[주요 저 · 역서]

- 건강심리학(공역, 학지사, 2014)
- 청소년 상담학 개론(공저, 학지사, 2014)
- 특수아동상담(공저, 학지사, 2016)
- 재난대응 위기상담(공저, 학지사, 2016)
- 안전기반치료(역, 하나의학사, 2017)

조영미

- 이화여자대학교 교육학과 교육학전공 석사
- 중앙대학교 교육학과 교육상담전공 박사
- 한국상담심리학회 공인 상담심리전문가

(현) 이화여자대학교 학생상담센터 특임교수
(전) 한국청소년상담복지개발원 선임상담원
(전) 한국방송통신대학교 진로심리상담실 전임상담원
(전) 중앙대학교 교육대학원 상담심리전공 강사

[주요 저 · 역서]

- 청소년 인터넷 중독의 이해와 상담(공저, 학지사, 2011)
- 대상사랑과 현실(공역, 하나의학사, 2018)

사랑받는 느낌

FEELING LOVED

의미있는 관계를 키우고 지속적인 행복을 만드는 과학

초판인쇄일	2018년 06월 14일
초판발행일	2018년 06월 26일
지 은 이	Jeanne Segal, PHD
옮 긴 이	이은아 · 조영미
펴 낸 이	소 정 영
펴 낸 곳	하나醫學社
주 소	서울시 서대문구 거북골로 7-7 하나빌딩 1층
출 판 등 록	제25100-2013-000061호(1988. 4.1)
전 화	(02)730-2555, 2556
팩 스	(02)730-2557
이 메 일	hanampc1@naver.com
홈 페 이 지	www.hanampc.co.kr

■ 역자와 합의로 인지 생략 정가 18,000원

■ 잘못된 책은 구입처에서 교환해 드립니다.

ISBN 979-11-85696-57-7 93180